JN241569

アクセサリーづくりのための
ビーズステッチバイブル
Beads Stitch Bible

周藤紀美恵

ビーズステッチは糸と針でビーズを編んでいくビーズ手芸のひとつ。
繊細なデザインで肌なじみがよいこともあって
ビーズステッチのアクセサリーは世界中で愛されています。

ビーズを通しながら編んでいくと、できあがる編み地とともに
ビーズがさらに美しく輝き始めます。
ステッチをひとつ覚えたら、自分のイメージのままに
デザインをアレンジできるのがビーズステッチのうれしいところ。
ビーズの組み合わせは無限大。
少しのアレンジでも魅力的なスタイルが生まれます。

紹介している技法はごくシンプルでやさしいものなので、
初心者の方でも気軽に作っていただけます。
上級者の方なら、ビーズ違いのアレンジ作品なども参考にして
ステッチのさまざまな可能性と面白さを楽しんでみてください。

本書は、私のはじめての著書と2冊めの著書から
とくに人気のあったものや、多くの方に作っていただいているデザインをセレクトしました。
永遠の定番モチーフである花やリボン、クロスなどのほか、
幾通りもの使い方が楽しめるマルチウェイな作品も多数掲載しています。

ビーズステッチの魅力と楽しさを知って
おしゃれの幅を広げるお手伝いができれば、とてもうれしく思います。

周藤紀美恵

CONTENTS

作品紹介ページにあるマーク「★」は、
難易度を表しています。
★★★は中級者以上の方におすすめです。

ベース・デザイン

ビーズステッチを編み進めると、
らせん状やレース風の透かしなどの
編み地が楽しめます。
長く編めばネックレスに、
短く編んでブレスレットにと
セットで作るのもおすすめ。
ビーズ替えなどのアレンジも必見です。

ネックレス

DREAMING GIRL ドリーミングガール

ネッティングチューブで編んだらせん状に煌めくじ ズの粒が、
まるでくるくると巻いたリボンのよう。
マットゴールドのコットンパールが
品よく軽やかにビーズのリボンをまとめます。

✤ HOW TO MAKE 52 ページ

難易度 ★★★

パーツを輪にして結ばず
にひもやチェーンを通し
てネックレスにしても。

ビーズ替えアレンジ

ビーズを替えただけなのに、まったく違う編み方に見えてしまうほど
異なる表情を見せるネッティングチューブ。
10センチほど編んで、革ひもに通した手軽なネックレスアレンジです。

❦ How to make 55 ページ
難易度 ★★★

ネッティングのロングネックレス
Vol de nuit 夜間飛行／ヴォル ドゥ ニュイ

黒、紺、シルバーとクールなパーツで
スタイリッシュに仕上げた軽やかなカジュアルネックレス。
トリコロールの丸大ビーズが控えめに彩りを加えます。
フリンジ部の位置で使い方も気分次第。
期待を裏切らない軽さとつけ心地が嬉しい。
❧ How to make 57 ページ
難易度 ★★

Stitch design

A
Step-up

Stitch design

B
ロープ

ネックレス＆ブレスレット

Dazzling Prairies　まばゆい草原／ダズリング プレリーズ

芯となるトライアングルビーズにファイアーポリッシュがらせん状に
巻きつくように編むスパイラルロープ。
光を受けて刻々と変わる朝と夕方の草原の情景をビーズで表現してみました。
初心者でも迷わずチャレンジできる作品です。
❧ How to make 59 ページ
難易度　★

ビーズ替えアレンジ

同じ編み方でもビーズの種類を変えるだけで
さまざまなバリエーションが楽しめるのがスパイラルロープの魅力。
長めに編んでネックレスに仕立てるのも楽しい。

⚜ How to make 62ページ

難易度 ★

スパイラルロープのネックレス・ピアス＆
スクエアコードのブレスレット
PASSIONATE INSPIRATION パッショネイトインスピレーション

瑞々しい赤が響き合うようなネックレス。単色ビーズの連なりはシックに、
そして魅惑的にデコルテを装います。おそろいのピアスとブレスレットで
洗練されたリュクススタイルを叶えてくれます。

⚜ How to make 65 ページ

難易度　★

ノーブルな佇まいのブラック、
太陽の恵みを感じるワイルドなターコイズ、
どちらもデイリーユースに活躍するはず。

PASSIONATE
INSPIRATION

ブレスレットはぐるぐると幾重
にも巻いたり、結んで表情をつ
けたり、使い方を楽しんで。

ネックレス

Embellir アンベリール

三角の連なりをシェブロンステッチで編んだネックレス。
レーシーな軽やかさがデコルテに優しくフィットするように広がります。
ダブルに重ねて編むことで奥行き感と洗練さが生まれ、深みのある作品に。

✤ How to make 70 ページ
難易度 ★

Stitch design
C
1-2

ビーズ替えアレンジ

Stitch design C を数模様編んだネックレス。
色のトーンをそろえてビーズの形を
替えるだけでも異なった魅力が楽しめます。

⚜ How to make 73 ページ
難易度 ★

ネッティングの
ネックレス＆ブレスレット
Tears of The Flower 花びらの雫

キャンディカラーのドロップを
ネッティングステッチで連ねた愛らしいネックレス。
天然石の魅力が際立つシンプルなデザインです。
❀ How to make 75 ページ
難易度 ★

ネックレス

Jardins Secrets 秘密の花園／ジャルダン スクレ

ベ　スの上にデージーチェーンステッチを編みつけた、
夢の庭園に迷い込んだような優美なネックレス。
光をやわらかく受けて輝くビーズの小花とエアパールの組み合わせは、
フェミーンに装いたいときのボンマリアージュ。
❧ How to make 76 ページ
難易度 ★★★

デザインアレンジ

デージーチェーンでさまざまな花のデザインが編めます。
色替えもイメージしやすいので
好きな色でデザインしてみて。

⚜ How to make 78 ページ

難易度 ★

ストラップ

Mosaic Pattern アーガイル／メルレット／パラレル

数あるテクニックの中でも誰もが大好きなペヨーテステッチ。
ビーズを通しながら柄を編んでいくアーガイルとパラレルは凛とした大人の女性をイメージ。
ロマンティックな女性をイメージしたメルレットは、
ペヨーテステッチを応用したワンラックアップのテクニックとデザインです。

⚜ How to make 81 ページ

難易度　★

E

Step-up

ペヨーテステッチのペンダント
Escape from boredom 退屈からのエスケープ

幾何学的に美しく配置されたシリンダービーズの
三角フォルムはマニッシュなスタイルに。
センターにあしらったキュービックジルコニアの煌めきは、
忘れたくない気品。リバーシブルに使用できるのが嬉しい。
❖ How to make 84 ページ
難易度 ★★

ペヨーテステッチのブローチ

Papillon en Cristal　クリスタルパピヨン

長く愛され続けるリボンモチーフは、
シリンダービーズが醸し出す絶妙な色のハーモニーで洗練された印象に。
洋服だけでなく、帽子やバッグなどにつけると、
いつものおしゃれをさりげなく引き立てます。

❧ How to make 87 ページ
難易度 ★★

モチーフ・デザイン

ビーズステッチでボールや花といった
モチーフを編みましょう。
天然石やアクリルパーツなど
市販のものと組み合わせてつなげれば、
世界でたったひとつの
オリジナルアクセサリーのできあがり。

ネックレス＆ブレスレット

Gift of the Forest　森からの贈り物／ギフト オブ ザ フォレスト

ぐるぐる編んで作るネッテイングのビーズボールは
コツをつかめば楽しく簡単にできます。
ビーズボールをいくつか作ってネックレスに仕立てました。
素材にウッド、天然石を選んでナチュラル感を演出。

✧ How to make 90 ページ

難易度　★

色替えアレンジ

Gift of the Forest のネックレスに使った
ビーズボール大を色替えしてネックレスに。
ブレスレットに使ったビーズボール小を
リングとピアスにアレンジ。

❀ How to make 94 ページ
難易度 ★

Stitch design

F

Step-up

ネックレス

楕円のアクリルビーズにビーデット。
ローズクォーツと深みのある
クリスタルビーズを効果的に配して
アンティーク風ネックレスに。

❧ How to make 96 ページ
難易度 ★

ビーズボールを中心にした2連使いは華やかに装いたいときに。

ビーズボールを後ろに回し、2連のチョーカーに。

ネッティングビーズボールの
ロングネックレス
Lady Like Multi Way
レディライク マルチウェイ

多彩な使い方が楽しめるマルチウェイアクセサリー。
艶めくバロックパールと
ビーズボールの輝きが印象的。
❧ How to make 98 ページ
難易度 ★

女性らしいY字のスタイル。

ラフに前で結ぶ、ラリエット使い。

ゆったりとしたショートの1連使い。

ネックレス＆リング

Pearl Flower パールフラワー

ペヨーテステッチのサーキュラーでベースを編み、花びらとなるループを飾って作ります。
真珠の花は誰からも愛されるモチーフです。
年齢もワードローブも選ばない万能のデザイン。
ガーリーワンピースにはもちろん、ジーンズスタイルにもぴったり。

⚜ How to make 100 ページ
難易度 ★★

ビーズ替えアレンジ

ビーズを替えて作ったカラフルなフラワーモチーフ。モチーフをつなげて
ネックレスにしたり、縦に1〜3個並べてループを作り、チェーンに通しても素敵。

✤ HOW TO MAKE 103ページ

難易度 ★★

ネックレス

Pearl Flower と雰囲気は変わりますが、
作り方はほとんど変わりません。
花びらを1個にして拾うビーズを変更すると、
花びらが互い違いに重なります。

✤ How to make 104 ページ
難易度 ★★

ネッティングのネックレス

Drôle de Rose お茶目なバラ／ドロール ドゥ ローズ

天然石の周りを丸小ビーズで囲んで、愛らしい花モチーフに。
甘やかなサンゴに大人可愛いオニキス、
どちらもゴールドのチェーンでつないで、華奢な魅力を引き出しました。
♣ How to make 106 ページ
難易度 ★

H

クロス

ネックレス

Clair de Lune 月光／クレール ドゥ リュンヌ

パールで囲んだクロスの中央にクリスタルビーズを閉じ込め、
竹ビーズでシャープさを添えたデザイン。
制作時間もかなり短めなので、迷わずトライしてみて。

❧ How to make 108 ページ

難易度 ★★

Stitch design

H
1–3

ビーズ替えアレンジ

ビーズを替えたバリエーション3タイプ。

❧ How to make 111 ページ

難易度　★★

Stitch design

I

スターフラワー

バングル

DEUX FLEURS ドゥ フルール

ツーカラーの丸小ビーズをヘリンボーンステッチで編みました。
可憐なお花が互い違いに手首に咲いています。

⚜ HOW TO MAKE 112ページ
難易度 ★

STITCH DESIGN

1

1-3

デザインアレンジ

編み方やビーズをちょっとずつ変えると、いろいろな形のお花になります。
モチーフをたくさんつなげてネックレスにしたり、フリンジにしたり……
アイデア次第でデザインが広がりそう。

HOW TO MAKE 113 ページ
難易度 ★

ネックレス＆リング

Nuit Blanche　眠らない夜／ニュイ ブランシュ

ペヨーテサーキュラーで四角形を編んでクリスタルを挟み込みました。
シンプルなデザインがクリスタルを際立たせ、エレガントな雰囲気を醸し出してくれます。
ネックレス部分はシリンダービーズと丸大ビーズでより繊細に華奢に仕上げました。

❤ How to make 117 ページ
難易度 ★★

Stitch design

J
スクエア

吸い込まれそうな黒いクリスタルをペンダントトップに。どんなスタイルにも落ち着きと強さを感じさせてくれそう。

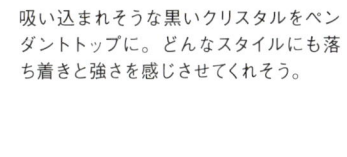

リング部分を通し、ペンダントトップにしたアレンジ。

Stitch design

K

トライアングル

ネックレス

Café noir/Café de miel
カフェノワール／カフェ ドゥ ミエル

ペヨーテステッチのサーキュラーで編んだ
三角のパーツを組み合わせたネックレス。
大きめのチェーンを配置し、クラス感をアップしました。
いろいろな装い方ができる、
まさにリアルクローズアクセサリー。

✤ How to make 120 ～ ♡
難易度 ★★

アシンメトリーに配置された三角パーツ。デイリーに使いやすいロングスタイル。

三角パーツを移動させることで二連のタイプに。大きめのパーツに引っかけるようにして固定します。

ブロンズのチェーンを組み合わせて4連のレイヤーネックレスに。

ネックレス
Shangri-La シャングリラ

芯ビーズを拾って小さなボールを作りながら編むデザイン。
天然石の自然な形と大きさがミニボールとベストマッチ。
ところどころに配したクリスタルビーズが控えめに光ります。

✤ How to make 123 ページ
難易度 ★

ラブラドライトの神秘的で大人っぽい色合いでまとめたバージョン。
三連のロングネックレス。

6本をねじり合わせて留め具でまとめたボリューム感を出したスタイル。

留め具で3連にひと巻きしてまとめたスタイル。

Stitch design

J

Step-up

ネックレス

スカシパーツに
スクエアモチーフをあしらって
額縁のように重厚感のあるパーツに仕立てます。

⚜ How to make 126 ページ
難易度 ★★★

Materials

ビーズと糸
ビーズには形や色、素材ごとにさまざまな種類があります。詳しくはビーズの種類ガイド（p.51）を参照してください。糸は使うビーズの色やサイズなどを考慮して選びます。ビーズステッチ専用糸には、ナイロン糸と合成繊維糸があります。

【 **合成繊維糸** 】 Wild Fire（ワイルドファイヤー）
丈夫で水にも強いのが特徴。ナイロン糸に比べて太いものがそろっているので大きくて重いビーズを使うときにおすすめ。

【 **ナイロン糸** 】 One・G（ワンジー）
糸が細く穴の小さなビーズに何回も通すことができる。ワックスコーティングされているので針穴に通すのもスムーズ。

ピン・カン類
パーツをつなげるための金具。ビーズに通して使うTピン、9ピンなど作品によって使用します。

チェーン類
ビーズステッチのパーツをチェーンにつなげてネックレスにする場合に使います。

アクセサリー金具
リング台やピアス金具などは専用のものを。マンテルやボタンなどは留め具として使います。

Tools

〈 針の選び方 〉

● **針の太さ**
一般的には10号、11号、12号がよく使われます。数字が大きくなるほど細くなります。いちばん太い10号は針穴が大きいので糸を通しやすく、初心者におすすめです。

● **針の長さ**
5cmくらいの長針と3.5cmくらいの短針があります。一度にビーズをたくさん通すときは長い針が使いやすいので、まずは長針を。短くなった糸を使うときは短針があると便利です。

ビーズ針
針穴から先端まで全体が細い針が適しています。ビーズステッチ専用針を使用するようにしましょう。
【ビーズステッチ専用針】ミス・ピラミス（10号／12号）［トーホー］

1. **ペンチ・ニッパー類**／9ピンやTピンのカットや曲げに使います。
2. **メジャー**／糸の長さや編み地の寸法を測るときに。
3. **針山／針**を休めておくときにあると便利。
4. **ビーズストッパー**／糸の端からビーズが落ちないように留めるもの。
5. **糸切りはさみ**／編み終わりの糸を切るときにビーズを傷つけたり、他の糸を切ったりすることが少ない先端が鋭いものやソリ刃のものを。
6. **目打ち**／糸のからまりをほぐしたり、引き締めたあとの糸をゆるめたりするときに。
7. **作業用マット**／ビーズが転がりにくいスエードやビーズマットを敷いて作業をするのがおすすめ。写真は携帯に便利なマット入りのケース。スコップ形のビーズスプーン付き。

糸の準備

ビーズステッチを始める前に作業しやすいように糸を準備しましょう。

■ 糸の巻きぐせを取る

 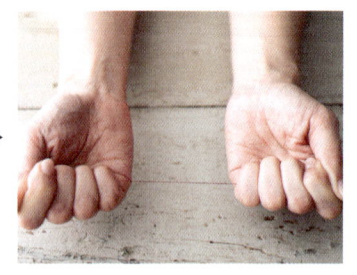

ボビンに巻かれた糸は巻きぐせがついています。巻きぐせを取っておかないと、編んでいる途中に糸がからみやすくなるので注意。

糸を両手にしっかり持って強く横に引っぱると巻きぐせが取れてまっすぐになります。

Point! 糸の折り返し

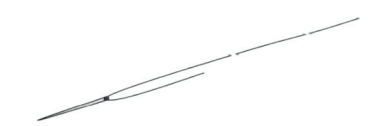

糸は1本どりで使います。使う長さの1/3ほどの位置で針穴に通した糸を折り返します。ずっと同じ位置で折り返したままだと糸が弱ってくるので、ときどき位置をずらすとよいでしょう。

■ ビーズストッパーをつける

コイルのクリップになっているので、両端を指で押してコイルを開きます。

糸をコイルのすきまに挟みます。

Point! 使わない糸端の固定

使わない糸端はからまりやすいので、フレキシブルボビンに巻きつけておくのがおすすめです。フタを開いて糸を芯に巻きつけ、フタを返すようにしてカバーすると糸が固定できます。

Other Tools あると便利な道具

1. **拡大鏡**／手元を拡大して作業をしやすくするもの。
2. **ビーズトレイ**／ビーズを種類別に分類するときなどにいくつかあると便利。
3. **フレキシブルボビン**／編み始めに残した長い糸がからまないように巻きつける糸巻き。
4. **ビーズワックス**／ビーズ糸を丈夫に補強するときに使う。
5. **ビーズ用リーマー**／穴が完全に通ってないビーズの穴を整えるときに使う。

フレキシブルボビンの代用アイデア

フレキシブルボビンがない場合は紙などでも代用可。付箋など弱めの粘着性のある紙を利用するのがおすすめです。

ビーズの通し方・拾い方

ビーズステッチの基本動作を表す用語とその動作について確認しておきましょう。

■ 通す

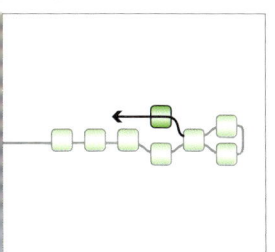

新しくビーズを針に入れ、ビーズを糸に通すことを「通す」といいます。

■ 拾う

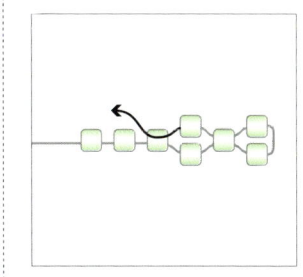

すでに編んだビーズに針を入れ、編み地のビーズを拾うことを「拾う」といいます。

> **Point!**
>
> ビーズの拾い方
>
>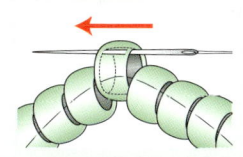
>
> 針の先で前に通っている糸を割らないよう、ビーズの穴の壁を針先で触れるようにして針を入れます。

■ すくう

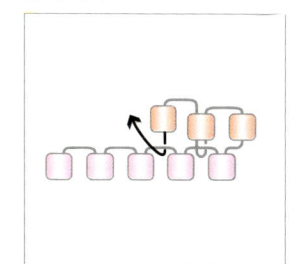

ビーズではなく、糸を拾うことを「すくう」といいます。

知っておきたいコツ ①

■ 糸の結び方

〈 固結び 〉

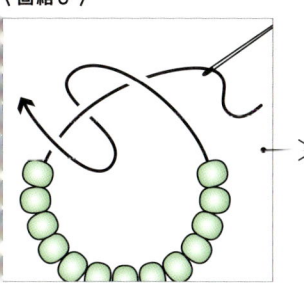

1. 短いほうの糸を上にして、1回結びます。

2. 短いほうの糸を上にして、もう1回結びます。
※2回めに結ぶときに糸の上下を反対にすると「たて結び」となり、ほどけやすくなるので注意。

〈 こぶ結び 〉

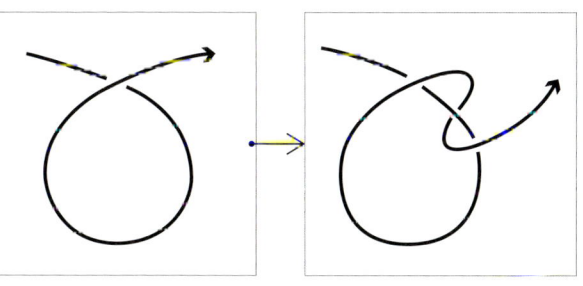

1. 輪を作ります。

2. 糸端を輪の下側から入れて引き締めます。

■ 糸の引き締め方

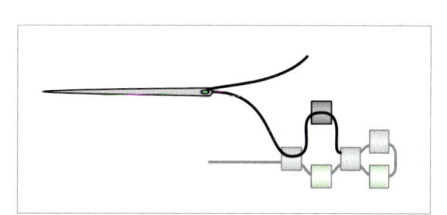

【 拾うたびに引き締める 】
イラストではビーズが離れた状態で描かれていますが、これはビーズと糸の配置をわかりやすくするためのものです。実際はビーズを拾うたびに糸を引き締めながら編みましょう。

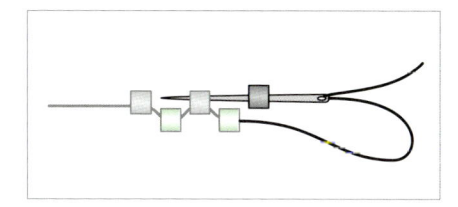

【 ビーズを通してすぐ拾うとき 】
ビーズを針に入れたまま別のビーズを拾います。糸を引く手間が省け、糸がビーズの穴でこすれることも少なくなります。

糸始末の方法

糸始末の方法はステッチごとに異なります。編んだ糸が通っているビーズを拾うのが基本です。

■ 糸始末の方法

〈 ペヨーテステッチ 〉

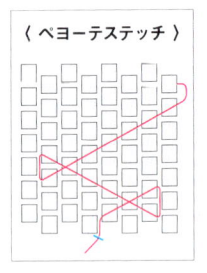

〈 その他 〉

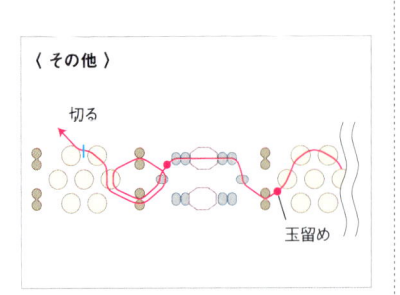

ビーズを拾い、2回くらい交差するようにターンしてから糸を切ります。

前に編んだビーズを拾いながら玉留めを2回ほどし、ビーズを拾って糸を切ります。

■ 玉留めの方法

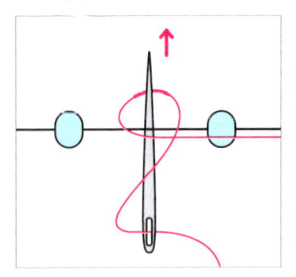

編んだ糸を針ですくい、針についている糸を1回針に巻きつけ、針を抜きます。

■ 編み終わりの糸の切り方

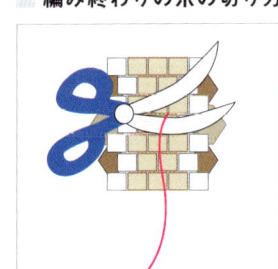

糸端があとで飛び出さないように糸を引っぱりながら、ビーズの際でカットします。

知っておきたいコツ ②

■ アクセサリー金具のアレンジ

〈 ビーズでカンを作る 〉

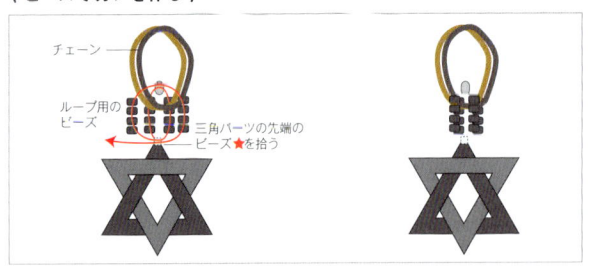

先端まで編んだら、ループ用のビーズを通し、パーツ先端のビーズ（★）を拾って接続用のカンを作る。

〈 ボタンの足や金具のカンに通しながら接続する 〉

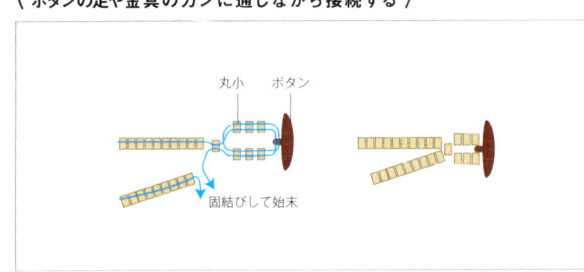

先端まで編んだら、ボタンの足に途中で通しながら接続用のビーズを通してつなぐ。

■ ピンの丸め方

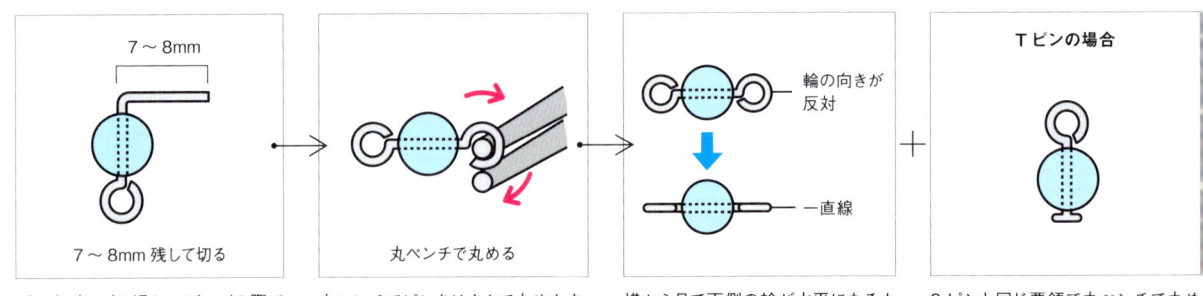

ピンをビーズに通し、ビーズの際で直角に曲げ、7～8mm残してニッパーでカットします。

丸ペンチでピンをはさんで丸めます。ピンの先端がビーズの穴の真上にくるようにします。

横から見て両側の輪が水平になるように、平ペンチで調整します。

9ピンと同じ要領で丸ペンチで丸め平ペンチで調整します。

Beads Guide ビーズの種類ガイド

本書で主に使用したビーズを紹介します。呼び方やサイズの表記はメーカーによって異なる場合があります。

■ シードビーズ

全体が丸い筒形のビーズ。小さいほうから特小、丸小、丸中、丸大、特大などのサイズがあります。本書では特小ビーズ、丸小ビーズなどと表記をします。

■ シリンダービーズ

筒形のビーズ。表面のカットがきれいにそろっており、編み方によっては隙間のない模様を作れます。4サイズありますが、本書の材料表で指定がないものは 11/0 を使用してください。

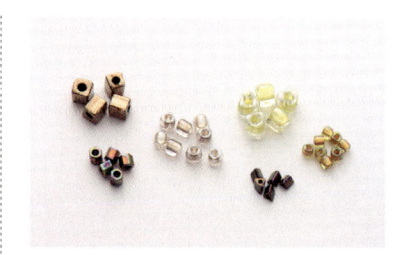

■ 角ビーズ

全体に角があるビーズ。六角ビーズ、トライアングルビーズ、スクエアビーズなどが代表的。

■ 竹ビーズ

竹を切ったような細長い筒形のビーズ。1分竹は長さが約 3mm、2分竹は約 6mm のものをいいます。

■ クリスタルビーズ

クリスタルガラスを使ったビーズで美しい輝きが特徴。ソロバンカット、ラウンドカットなど、形、サイズともさまざま。チェコ製ビーズなどが代表的。

■ ファイアーポリッシュ（FP）

カット加工したガラスの表面を熱してツヤを出したビーズ。形はラウンド、ボタン、オーバル、ドロップなどがあります。

■ ガラスビーズ

一般的なガラス製のビーズ。型に入れて成型したプレスビーズで形もさまざま。

■ ガラスパール

ガラスビーズの周りに真珠の箔をコーティングしたイミテーションパール。

■ 天然石

天然石から作られたビーズ。種類が豊富で、形もドロップ、さざれなどさまざま。自然のものならではの色みが特徴。

■ 淡水パール

淡水で育つ貝から採ったパール。ライス形、ポテト形などがあります。

■ ウッドビーズ

温かみのある質感が特徴の木製ビーズ。形は丸形、なつめ形、リング形などさまざま。

■ メタルパーツ

金属製、あるいは金属メッキをしたビーズや、カン（穴）付きの金属パーツ。スペーサーはビーズの間にはさんでアクセントとして使います。

Stitch design A

Dreaming Girl ドリーミング ガール

仕上がりサイズ　約74cm

材料 § ネックレス

特小ビーズ（銀ライン／ピンク）………………… 約2110個
丸小ビーズ（ベージュ）………………………… 約430個
丸小ビーズ（白）………………………………… 約270個
丸大ビーズ（ベージュ）………………………… 18個
竹ビーズ 2分竹（つや消しピンク）……………… 約270個
コットンパール コマ18×14mm（ベージュ）……………… 8個
コットンパール 丸玉6mm（薄ピンク）……………… 6個
ボタン13mm（銀古美）………………………… 1個
ビーズステッチ糸

1 中心パーツ太を作ります。
糸を2mに切り、特小15個通し、糸端30cm残して固結びをし、最初に通した特小を拾います。図のようにビーズを通して、1段4目のネッティングのチューブを編みます。

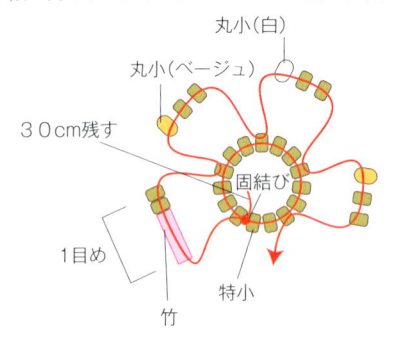

2 2段め以降は、図の要領でくり返して21cm、約120段編みます。途中で糸の残りが20cmになったら新たに2mの糸をつないで続けて編みます。

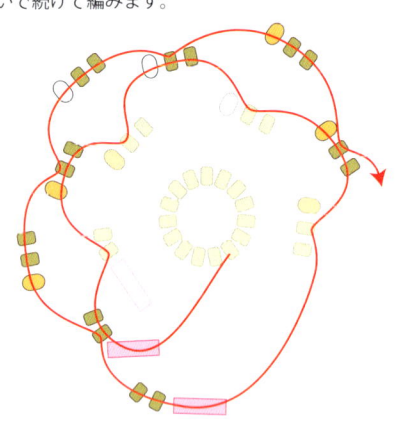

3 最終段は特小を通しながら編み、図のように特小を拾って1周します。

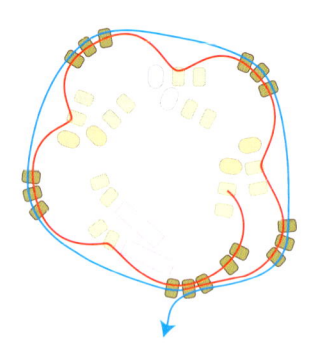

4 縁飾りを作ります。特小3個ずつ通しながら2周します。2周したら内側に通した特小3個の中心まで立ち上がります。

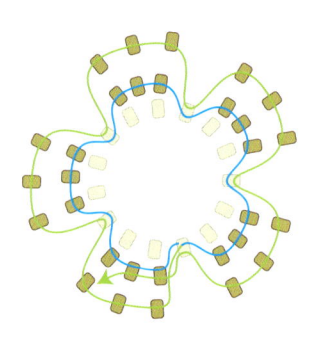

5 特小1個ずつ通します。最後は特小を3個ずつ通しながら飾りを作ります。

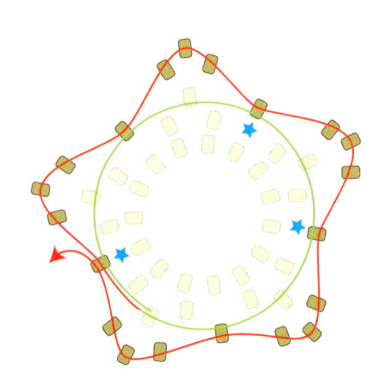

6 続けて丸大を図のように通して糸を始末します。編み始め側
も同様に縁飾りを作り、糸を始末します。

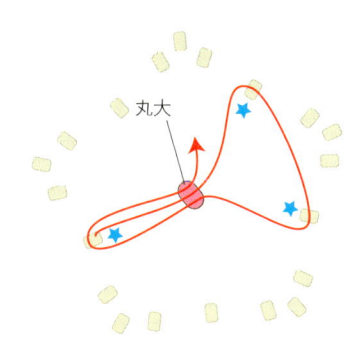

丸大

7 パーツ細を作ります。
糸を2mに切り、特小12個通し、糸端50cm残して固結び
します。中心パーツ太と同じ要領で、1段3目のネッティングチュー
プを14cm、約75段編みます。最終段を編んだら縁飾りを作り、
丸大を図のように通して糸を休めます。同じものを2本作ります。

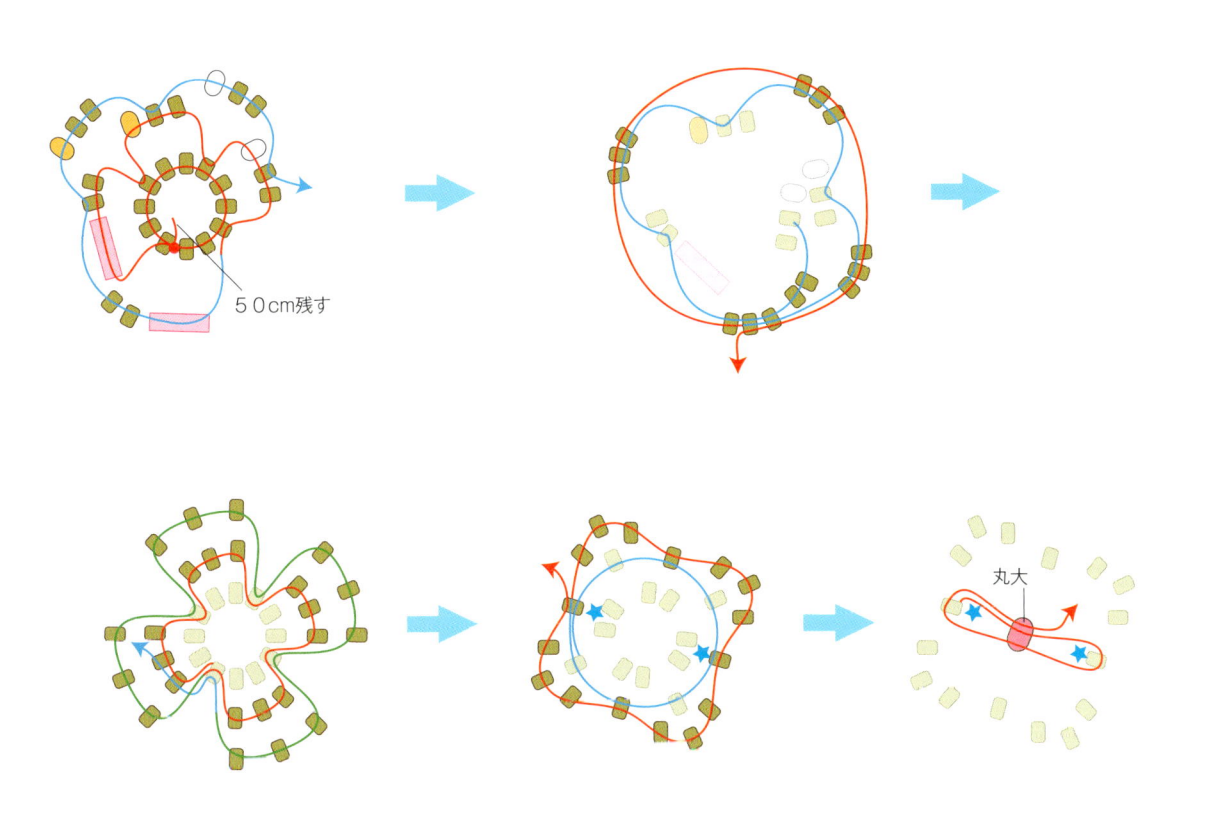

50cm残す

丸大

8 ネックレスに仕立てます。**7**で休めた糸でボタンとループをつけて糸を始末します。編み始めに残した糸で同じ要領で縁飾りを作り、最後に丸大を通したら続けて、コマ・丸大・丸玉を、図のよ うに通して、パーツ太の端の丸大を拾って全てのビーズとパーツ細の丸大を拾います。補強のため、もう半周ビーズを拾って、パーツ太側で糸を始末します。反対側も同様に作れば完成です。

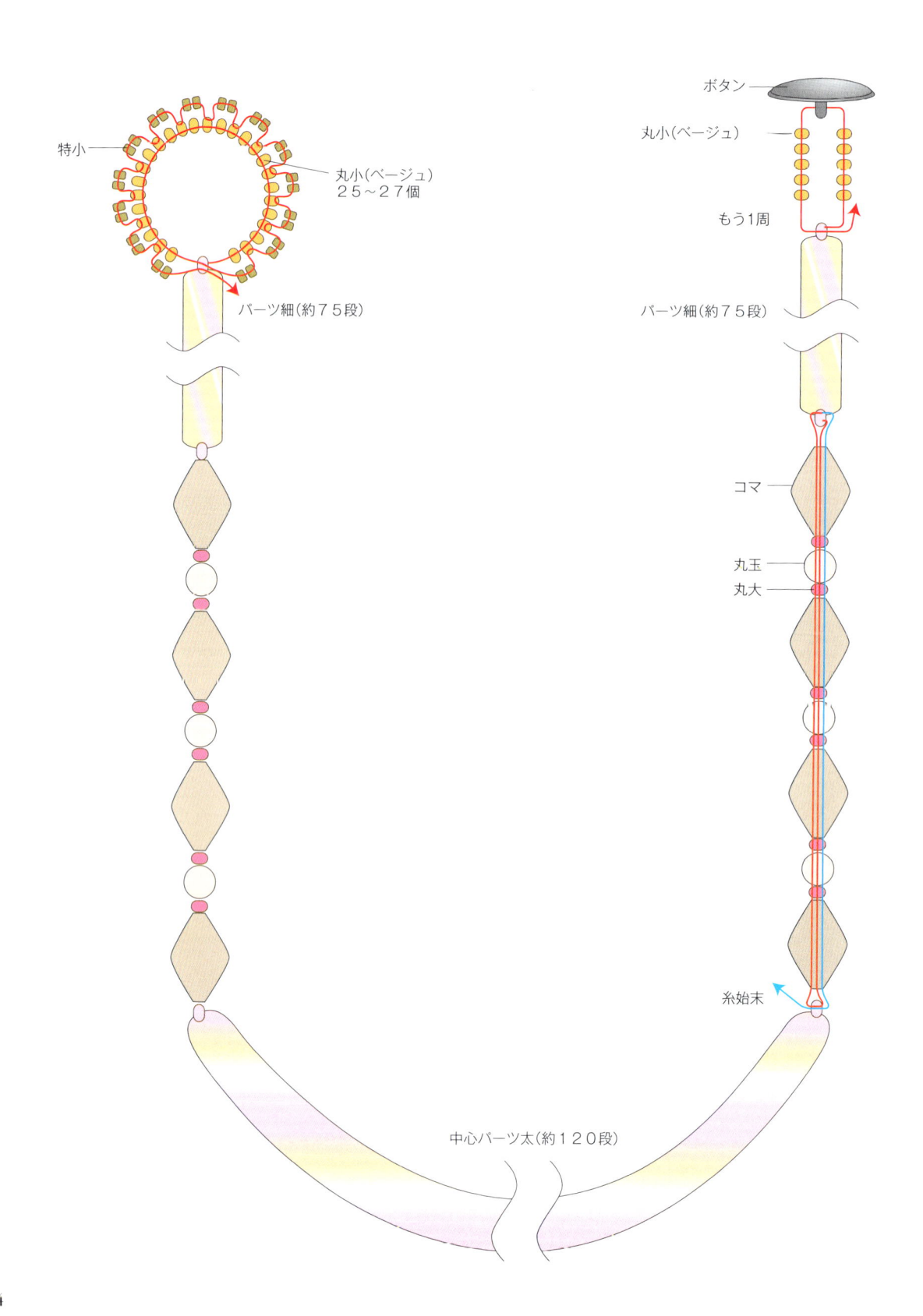

特小

丸小（ベージュ）
２５〜２７個

パーツ細（約７５段）

ボタン

丸小（ベージュ）

もう1周

パーツ細（約７５段）

コマ

丸玉

丸大

糸始末

中心パーツ太（約１２０段）

材料 § ネックレス

丸小ビーズ（ブロンズ）……………… 約１６０個
天然石ターコイズ ボタンカット４mm　　約７５個
革紐 ３mm（茶）……………………… １本
ビーズステッチ糸

ポイント

糸を２ｍに切り、糸端２０cm残して１段３目の
ネッティングを約９〜１０cm ほど編みます。
Stitch design A とは異なり、最後は最終段をもう
１周拾って全ての糸を始末します。筒の中に革紐
チョーカーを通して輪にして革紐を結んで完成で
す。反時計回りに編むと左上がりのラインになり
ます。

※ネッティングの編み方はStitch design Aと同じ。

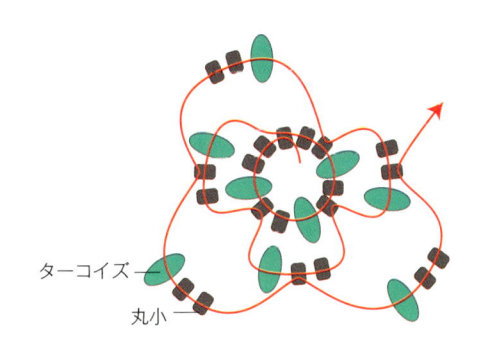

ターコイズ
丸小

＊同じ形の天然石が入手できない場合は、同サイズの
　さざれ、丸、チップなどで代用できます。

材料 § ネックレス

丸小ビーズ（白）………………………… 約２４０個
淡水パールポテト形約3〜4mm（白）… 約１１５個
革紐 ３mm（白）………………………… １本
ビーズステッチ糸

ポイント

糸を２ｍに切り、糸端２０cm残して１段３目の
ネッティングを約９〜１０cm ほど編みます。
Stitch design A とは異なり、最後は最終段をもう
１周拾って全ての糸を始末します。筒の中に革紐
チョーカーを通して輪にして革紐を結んで完成で
す。

※ネッティングの編み方はStitch design Aと同じ。

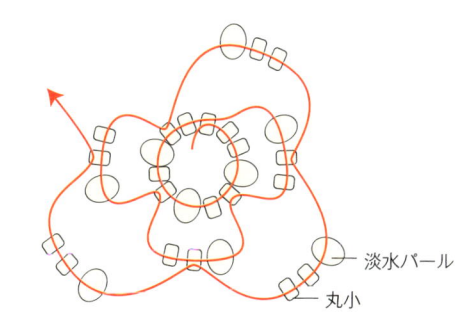

淡水パール
丸小

材料 § ネックレス

特小ビーズ（金）………………………… 約５７０個
丸小ビーズ（ベージュ）………………… 約１４０個
丸小ビーズ（白）………………………… 約７０個
竹ビーズ２分竹（つや消しピンク）…… 約７０個
革紐 ３mm（エンジ）…………………… １本
ビーズステッチ糸

ポイント

糸を２ｍに切り、糸端２０cm残して１段４目の
ネッティングを約9・〜１０cm ほど編みます。
Stitch design A とは異なり、最後は最終段をもう
１周拾って全ての糸を始末します。筒の中に革紐
チョーカーを通して輪にして革紐を結んで完成で
す。

※ネッティングの編み方はStitch design Aと同じ。

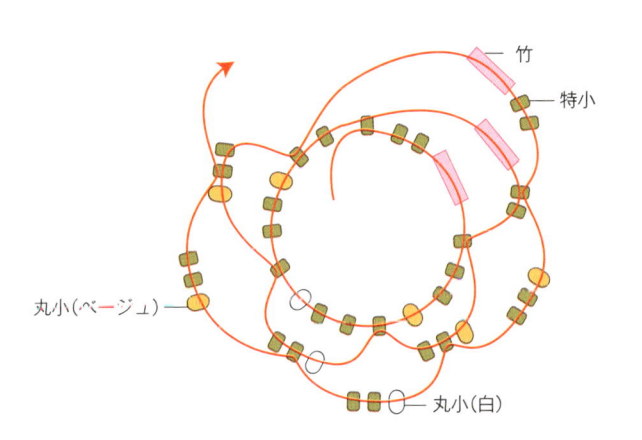

竹
特小
丸小（ベージュ）
丸小(白)

材料 § ネックレス

丸小ビーズ（水色）………………… 約６０個
丸小ビーズ（紫）…………………… 約５０個
丸小ビーズ（黄色）………………… 約５０個
ファイアーポリッシュ　３mm（茶）…… 約７５個
革紐　３mm（茶）…………………… 　１本
ビーズステッチ糸

ポイント

糸を２mに切り、糸端２０cm残して１段３目の
ネッティングを約９〜１０cmほど編みます。
Stitch design A とは異なり、最後は最終段をもう
１周拾って全ての糸を始末します。筒の中に革紐
チョーカーを通して輪にして革紐を結んで完成で
す。

※ネッティングの編み方はStitch design Aと同じ。

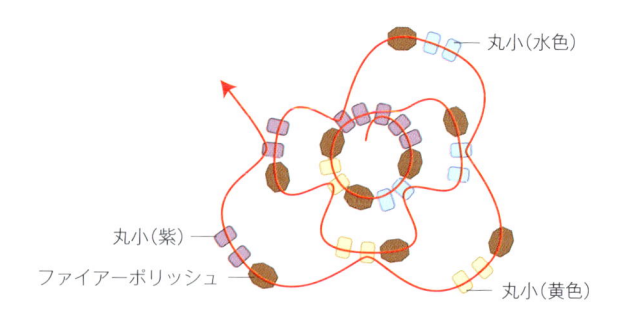

丸小（水色）
丸小（紫）
ファイアーポリッシュ
丸小（黄色）

材料 § ネックレス

特小ビーズ（水色）………………… 約１９０個
竹ビーズ２分竹（紫）……………… 約９０個
革紐　３mm（紺）…………………… 　１本
ビーズステッチ糸

ポイント

糸を２mに切り、糸端２０cm残して１段３目の
ネッティングを約９〜１０cmほど編みます。
Stitch design A とは異なり、最後は最終段をもう
１周拾って全ての糸を始末します。筒の中に革紐
チョーカーを通して輪にして革紐を結んで完成で
す。

※ネッティングの編み方はStitch design Aと同じ。

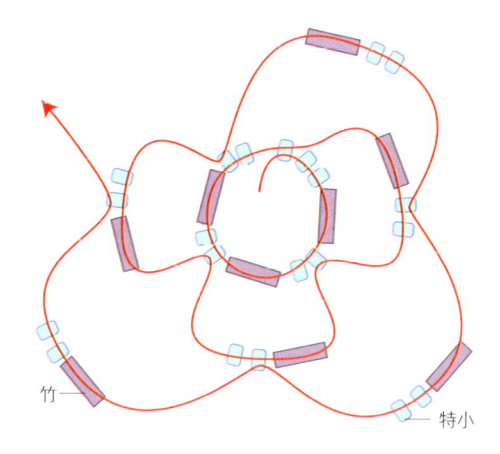

竹
特小

ネックレスの結び方

革紐を固結びすればネッティング
チューブが丸くなり（写真左）、ひ
と結びするとしずく形（写真右）
になります。

Step-up arrangement of A

Vol de nuit　夜間飛行

仕上がりサイズ　約90cm

材料 ✿

特小ビーズ（メタルシルバー）………………………………270個
丸大ビーズ（赤・青ストライプ）………………………………30個
天然石ブルーサンドストーン ラウンドカット 4mm …………54個
メタルパーツ 四角形 7mm（シルバー）…………………………14個
メタルパーツ 平丸形 6mm（シルバー）………………………70個
ビーズコード（ネイビー）………………………………………1.5m
ビーズステッチ糸

① パーツ小を作ります。
　　糸を50cmに切り、特小とラウンドカットを交互に3個ずつ通し、糸端20cm残して固結びをし、最初に通した特小を拾います。

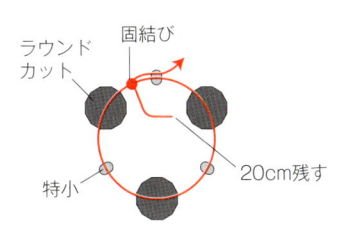

② 特小を7個通し、特小を拾います。3回繰り返します。

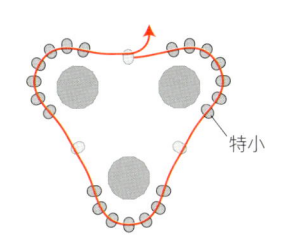

③ 特小4個拾って立ち上がり*ます。ラウンドカット1個ずつ通して、②で通した特小7個の中心を拾います。3回繰り返します。
　　全ての糸を始末します。ラウンドカット6個のパーツ小ができました。同じものを4個作ります。

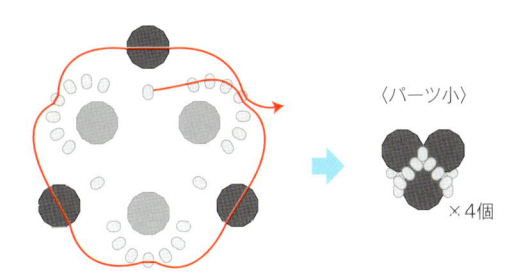

④ ラウンドカット12個のパーツ中を1個作ります。糸を60cmに切り、①〜③まで編み終えたら、続けて②と③をあと2回繰り返して糸を始末します。

⑤ ラウンドカット18個のパーツ大を1個作ります。糸を70cmに切り、①〜③まで編み終えたら、続けて②と③をあと4回繰り返して糸を始末します。

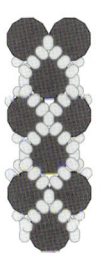

*段の編み終わりに、最後に拾ったビーズに続けて段の最初に通したビーズを拾い、次の段へ進むことを「立ち上がり」といいます。

⑥ ビーズコード1.5mを用意して、糸端20cmの所にビーズストッパーをつけます。全体図を参考にビーズとパーツを通します。▲位置のビーズまで通したら、それぞれの間を3cm間隔あけてビーズとパーツが動かないようにこぶ結びをします。最後まで結べたら、ビーズコードを2本一緒にこぶ結び、平丸形・パーツ小・平丸形を通します。同様にこぶ結びをして、最後は1本ずつ平丸形を5個通してこぶ結びをします。結び目から1.5㎝の位置で糸を切れば完成です。

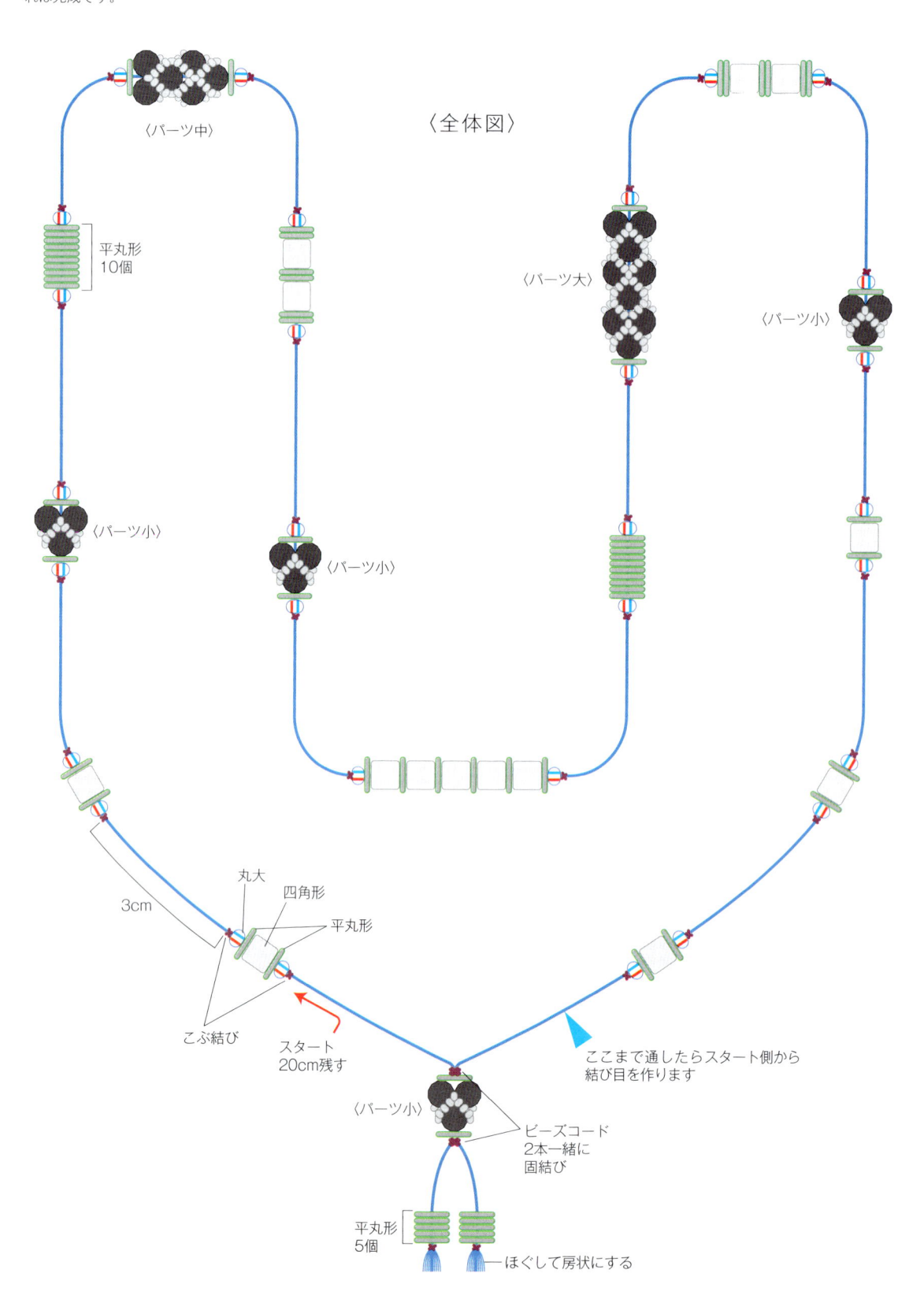

〈全体図〉

〈パーツ中〉

平丸形
10個

〈パーツ小〉

〈パーツ大〉

〈パーツ小〉

〈パーツ小〉

丸大
四角形
平丸形

3cm

こぶ結び

スタート
20cm残す

ここまで通したらスタート側から
結び目を作ります

〈パーツ小〉

ビーズコード
2本一緒に
固結び

平丸形
5個

ほぐして房状にする

P.10

Stitch design B

Dazzling Prairies　まばゆい草原

仕上がりサイズ　ネックレス約45cm　ブレスレット約18cm

材料 § ネックレス（赤）

丸小ビーズ（薄茶）……………………………… 約４１０個
トライアングルビーズ 2.5mm（グレー）…………… 約３００個
ファイアーポリッシュ 4mm（赤）……………………… ５２個
ビーズステッチ糸

材料 § ブレスレット（赤）

丸小ビーズ（薄茶）……………………………… 約２７０個
トライアングルビーズ 2.5mm（グレー）…………… 約１７０個
ファイアーポリッシュ 4mm（赤）………………………… ２６個
ビーズステッチ糸

材料 § ネックレス（緑）

丸小ビーズ（金）………………………………… 約４１０個
トライアングルビーズ 2.5mm（茶）………………… 約３００個
ファイアーポリッシュ 4mm（緑）……………………… ５２個
ビーズステッチ糸

材料 § ブレスレット（緑）

丸小ビーズ（金）………………………………… 約２７０個
トライアングルビーズ 2.5mm（茶）………………… 約１７０個
ファイアーポリッシュ 4mm（緑）………………………… ２６個
ビーズステッチ糸

※イラストは赤バージョンで描いてあります。

1　スパイラルロープを編みます。ネックレスは糸を３．６ｍ（ブレスレット＜以下 BR＞は２．２ｍ）に切り、糸端１．８ｍ（BRは１ｍ）残してビーズストッパーをつけます。芯となるトライアングルを３個通して、外側となるビーズ、丸小・ファイアーポリッシュ・丸小を通します。芯ビーズ３個を拾って左へ倒します。１段めが編めました。

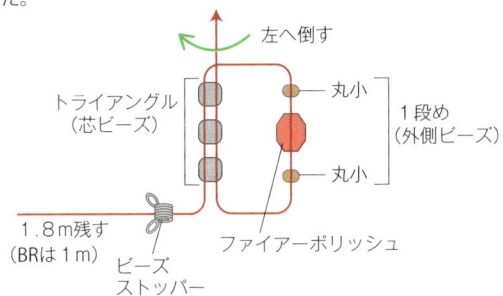

トライアングル（芯ビーズ）
左へ倒す
丸小
丸小
１段め（外側ビーズ）
ファイアーポリッシュ
1.8ｍ残す（BRは1ｍ）
ビーズストッパー

2　芯となるトライアングル１個通して、外側となるビーズ、丸小・ファイアーポリッシュ・丸小を通します。芯ビーズ３個を拾って左へ倒します。２段めが編めました。

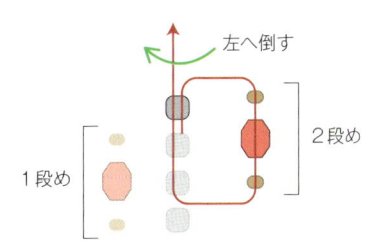

左へ倒す
１段め
２段め

3　２段めをくり返して、２３段め（BR は２０段め）まで編みます。続けてトライアングル約２３cm（BR は約１４cm）分とファイアーポリッシュを通します。

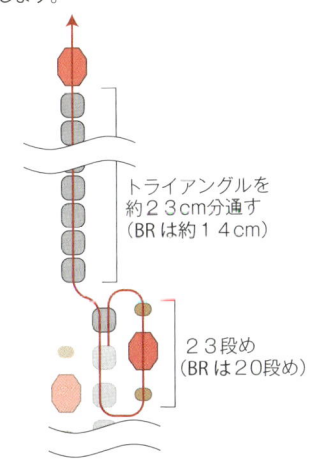

トライアングルを約２３cm分通す（BRは約１４cm）
２３段め（BRは２０段め）

4　留め具を作ります。芯となるトライアングル３個通し、外側となるビーズ、丸小・ファイアーポリッシュ・丸小を通します。芯ビーズ３個を拾って左へ倒します。

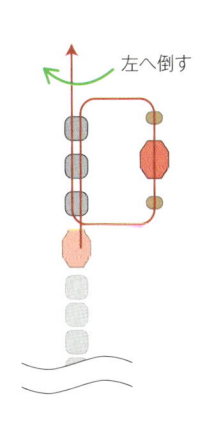

左へ倒す

5 外側ビーズを通して芯ビーズを拾う、を合計 5 回くり返します。

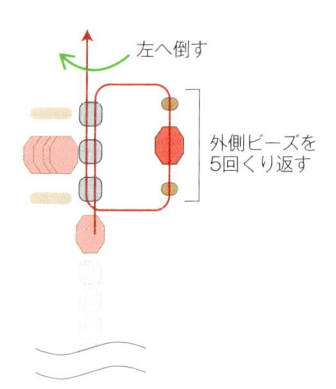

左へ倒す

外側ビーズを
5回くり返す

6 丸小を通して芯ビーズとファイアーポリッシュを拾って丸小を約 2 3 cm（BR は約 1 4 cm）分通します。芯ビーズ 4 個と 2 2 段め（BR は 1 9 段め）の外側ビーズを拾います。補強のため、トライアングルと約 2 3 cm（BR は約 1 4 cm）分ずつ通した丸小を拾って糸を始末します。

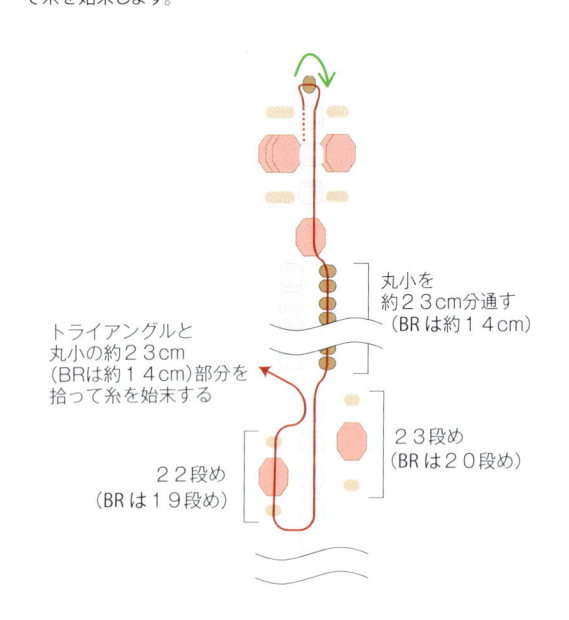

丸小を
約２３cm分通す
（BR は約１４cm）

トライアングルと
丸小の約２３cm
（BRは約１４cm）部分を
拾って糸を始末する

２２段め
（BR は１９段め）

２３段め
（BR は２０段め）

7 編み始めに残した糸で、反対側を編みます（BR は編みません）。**2** と同様にスパイラルロープを 2 3 段編み、トライアングルを約 2 3 cm（BR は約 1 4 cm）分通したら、留め具のループを作ります。トライアングル 1 個と丸小 2 6 個通してトライアングルを拾います。

丸小２６個

トライアングルを
約２３cm分通す
（BR は約１４cm）

２３段め
（BR は１段め）

8 **6** と同じ要領で、丸小を約 2 3 cm（BR は約 1 4 cm）分通して、芯ビーズ 4 個と 2 2 段め（BR は 2 段め）の外側ビーズを拾います。補強のため、トライアングルと約 2 3 cm（BR は約 1 4 cm）分ずつ通した丸小を拾って糸を始末します。

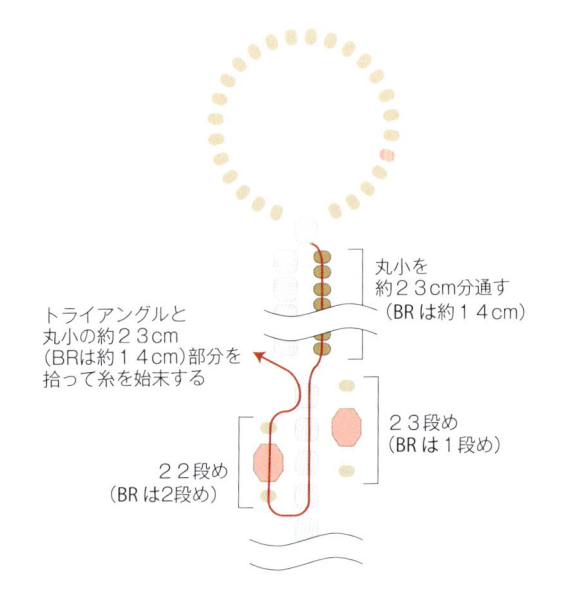

丸小を
約２３cm分通す
（BR は約１４cm）

トライアングルと
丸小の約２３cm
（BRは約１４cm）部分を
拾って糸を始末する

２２段め
（BR は２段め）

２３段め
（BR は１段め）

通したトライアングルと丸小部分をそれぞれ図のように4ヶ
所ひと結びすれば完成です。

スパイラル

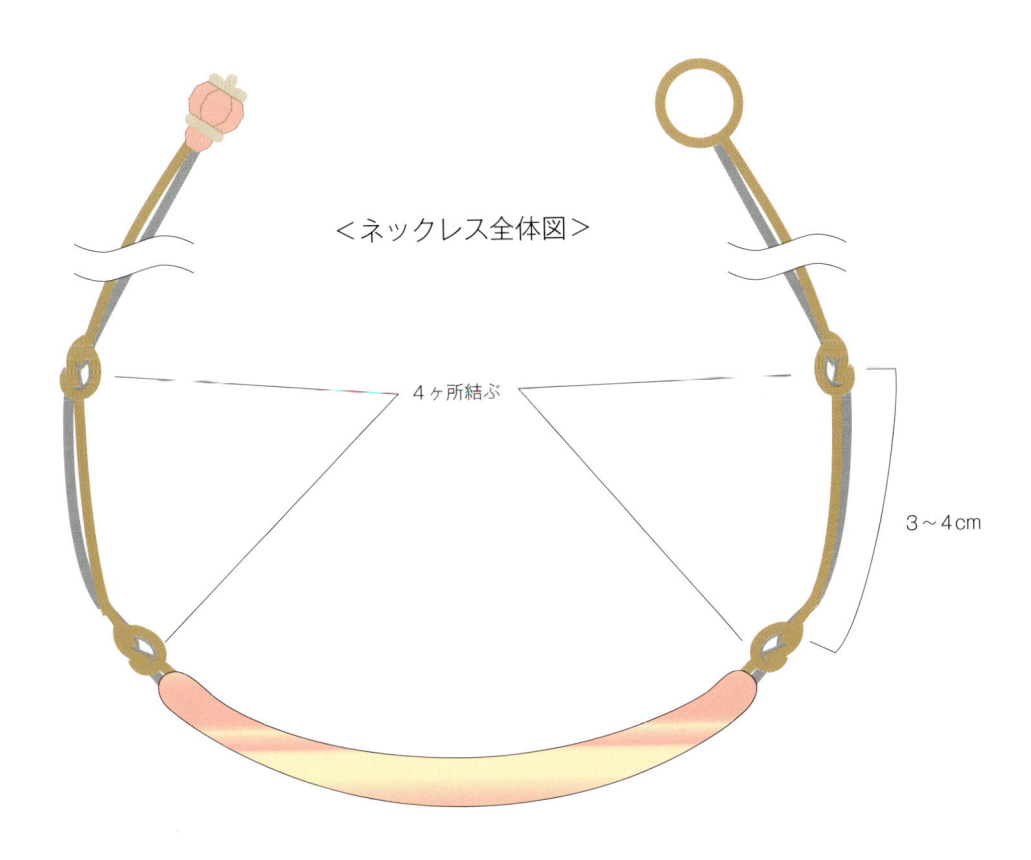

＜ネックレス全体図＞

4ヶ所結ぶ

3〜4cm

＜ブレスレット全体図＞

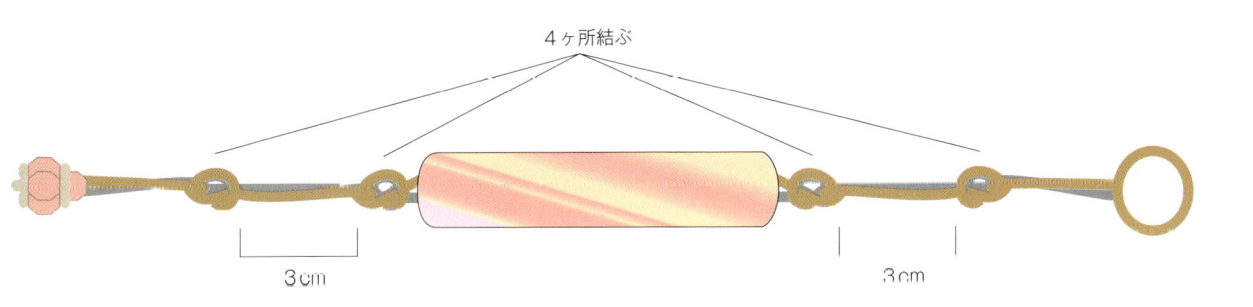

4ヶ所結ぶ

3cm

3cm

Stitch design B-1　P.12　仕上がりサイズ　約18㎝

材料 § ブレスレット

丸小ビーズ（ベージュ）……………… 約２５０個
トライアングルビーズ 2.5mm（緑 / 金）約１８０個
ピーナッツビーズ 3×6mm（紫）……… ２６個
マンテル（ゴールド）………………… 1組
ビーズステッチ糸

ポイント

糸を２.２ｍに切り、糸端 1m 残して右図の芯ビーズと外側ビーズで２６段スパイラルロープを編みます。両端はトライアングルと丸小のそれぞれを約１４㎝分通し、両端にマンテルをつけます。両端のビーズを通した部分を２ヶ所ずつ合計４ヶ所ひと結びします。

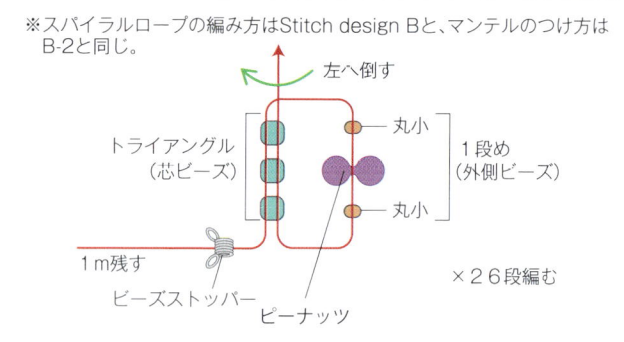

※スパイラルロープの編み方はStitch design Bと、マンテルのつけ方はB-2と同じ。

Stitch design B-2　P.12　仕上がりサイズ　約18㎝

材料 § ブレスレット

丸小ビーズ（グレー）………………… 約２４０個
丸中ビーズ（メタルシルバー）……… 約１６０個
竹ビーズ 2分竹（紺）………………… ２３個
マンテル（シルバー）………………… 1組
ビーズステッチ糸

ポイント

糸を２.２ｍに切り、糸端 1m 残して右図の芯ビーズと外側ビーズで２３段スパイラルロープを編みます。両端は丸中と丸小のそれぞれを約１４㎝分通し、丸小６個で両端にマンテルをつけます。両端のビーズを通した部分を２ヶ所ずつ合計４ヶ所ひと結びします。

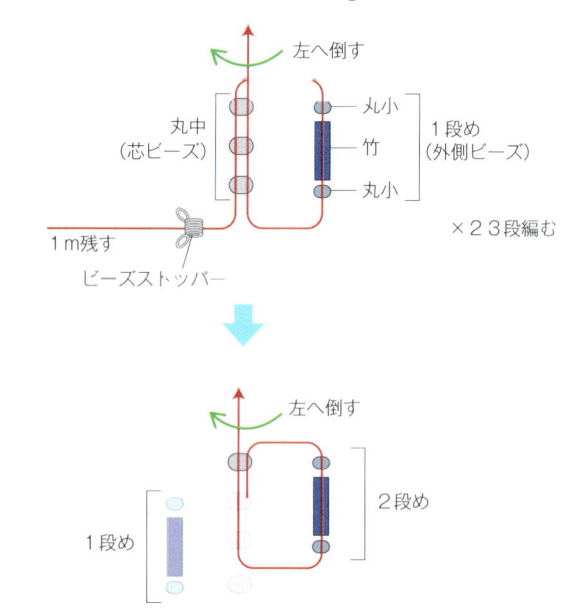

※スパイラルロープの編み方はStitch design Bと同じ。

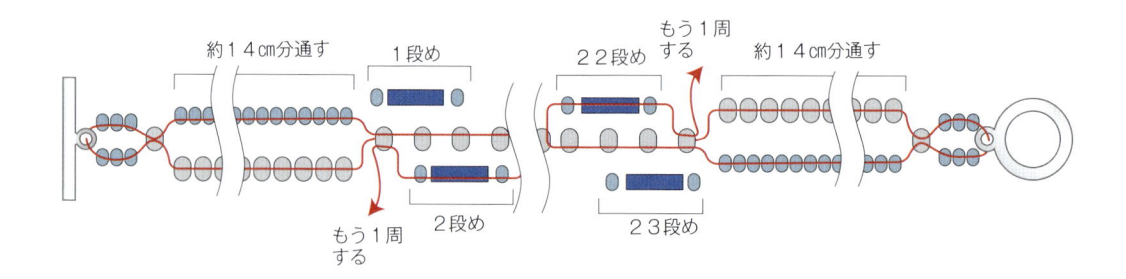

材料 § ブレスレット

丸小ビーズ（赤）…………………… 約２５０個
トライアングルビーズ 2.5mm（グレー）… 約１８０個
ロングまが玉（茶）…………………… ２５個
マンテル（シルバー）………………… 1組
ビーズステッチ糸

ポイント

糸を2.2mに切り、糸端1m残して右図の芯ビーズと外側ビーズで２５段スパイラルロープを編みます。両端はトライアングルと丸小のそれぞれを約１４cm分通し、両端にマンテルをつけます。両端のビーズを通した部分を2ヶ所ずつ合計4ヶ所ひと結びします。

※スパイラルロープの編み方はStitch design Bと、マンテルのつけ方はB-2と同じ。

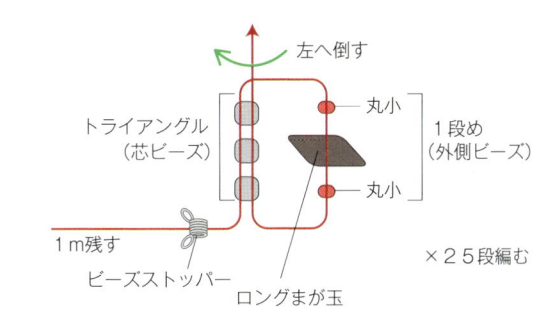

材料 § ブレスレット

丸小ビーズ（つや消しベージュ）…… 約２４０個
トライアングルビーズ 2.5mm（茶）約１７０個
ガラスパール 4mm（アイボリー）……… ２３個
マンテル（ゴールド）………………… 1組
ビーズステッチ糸

ポイント

糸を2.2mに切り、糸端1m残して右図の芯ビーズと外側ビーズで２３段スパイラルロープを編みます。両端はトライアングルと丸小のそれぞれを約１４cm分通し、両端にマンテルをつけます。両端のビーズを通した部分を2ヶ所ずつ合計4ヶ所ひと結びします。

※スパイラルロープの編み方はStitch design Bと、マンテルのつけ方はB-2と同じ。

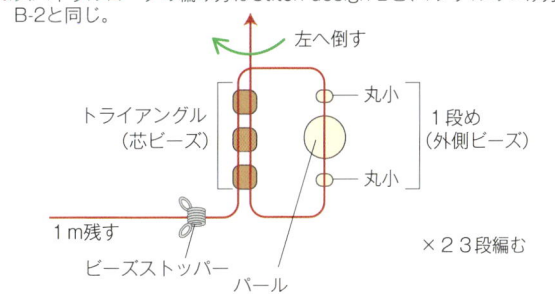

材料 § ブレスレット

丸小ビーズ（銀）…………………… 約２４０個
丸大（マット紫）…………………… 約１６０個
クリスタルビーズ ソロバンカット 4mm
（シルク）…………………………… ２３個
マンテル（シルバー）………………… 1組
ビーズステッチ糸

ポイント

糸を2.2mに切り、糸端1m残して右図の芯ビーズと外側ビーズで２３段スパイラルロープを編みます。両端は丸大と丸小のそれぞれを約１４cm分通し、両端にマンテルをつけます。両端のビーズを通した部分を2ヶ所ずつ合計4ヶ所ひと結びします。

※スパイラルロープの編み方はStitch design Bと、マンテルのつけ方はB-2と同じ。

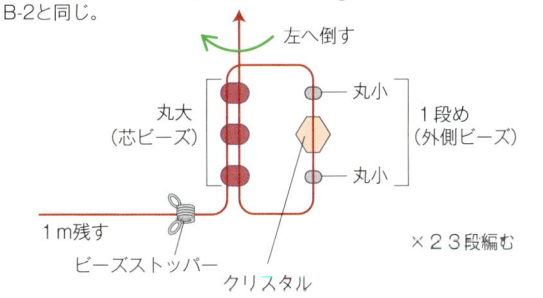

材料 § ブレスレット

丸小ビーズ（クリーム）……………… 約２７０個
シリンダービーズＭ（ブロンズ）…… 約１９０個
ドロップビーズ 3.4mm（水色/オレンジ）…29個
マンテル（ゴールド）………………………… １組
ビーズステッチ糸

ポイント

糸を２.２ｍに切り、糸端 1m 残して右図の芯ビーズと外側ビーズで２９段スパイラルロープを編みます。両端はシリンダー Ｍ と丸小のそれぞれを約１４cm 分通し、両端にマンテルをつけます。両端のビーズを通した部分を２ヶ所ずつ合計４ヶ所ひと結びします。

※スパイラルロープの編み方はStitch design Bと、マンテルのつけ方はB-2と同じ。

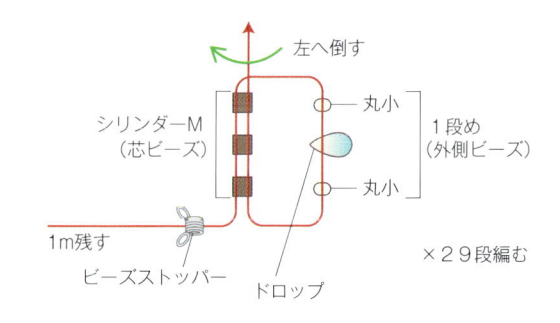

ブレスレットのアレンジ

４ヶ所をひと結びしていますが、結び目を外して腕にぐるぐる巻いて使うのでも OK。

Step-up arrangement of B

Passionate Inspiration パッショネイト インスピレーション

仕上がりサイズ　ネックレス　赤　約70cm ／ 黒　約73cm ／ ターコイズ　約59cm（マンテル含まず）
　　　　　　　ブレスレット　約37cm　　ピアス　約5cm

材料 ✿ 赤

特小ビーズ（ベージュ）...14個
六角ビーズ（ゴールド）...64個
ピーナッツビーズ 3×6mm（ゴールドライン）...........368個
ガラスビーズ ボタン形 4×3mm（赤）.....................176個
ガラスビーズ 変形丸形 12mm（赤）.........................4個
ガラスビーズ 変形ひし形 18×10mm（赤）..................2個
マンテル 12mm（ブロンズ）..................................1組
ビーズステッチ糸

材料 ✿ 黒

特小ビーズ（メタルシルバー）................................14個
六角ビーズ（メタルシルバー）................................64個
ピーナッツビーズ 3×6mm（銀ライン／シルバー）......368個
ガラスビーズ ボタン形 4×3mm（黒）.....................176個
ガラスビーズ 変形丸形 12mm（黒）.........................4個
ガラスビーズ 変形ひし形 18×10mm（黒）..................2個
マンテル 12mm（シルバー）..................................1組
ビーズステッチ糸

材料 ✿ ターコイズ

特小ビーズ（メタルシルバー）................................14個
六角ビーズ（メタルシルバー）................................64個
丸小ビーズ（メタルシルバー）...............................252個
天然石ターコイズ さざれ形.................................158個
ウッドビーズ 丸形 6mm（茶）................................14個
ウッドビーズ 変形なつめ形 12×6mm（茶）.................16個
マンテル 12mm（シルバー）..................................1組
ビーズステッチ糸

✿ 赤（黒も作り方共通）

① トップ部分をスパイラルロープで編みます。糸を1.5mに切り、糸端70cm残してビーズストッパーをつけます。スパイラルロープの芯となる六角3個を通します。外側のビーズとなるピーナッツ1個・ボタン形1個・ピーナッツ1個を通し、芯ビーズ六角3個を拾います。1段めが編めました。編んだ外側のビーズは左へ倒します。

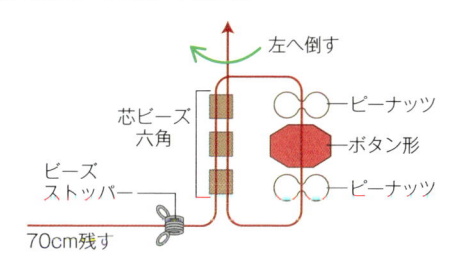

② 2段めは芯ビーズ六角1個通し、外側のビーズとなるピーナッツ1個・ボタン形1個・ピーナッツ1個を通し、芯ビーズ六角3個を拾います。2段めが編めました。編んだ外側のビーズは左へ倒します。

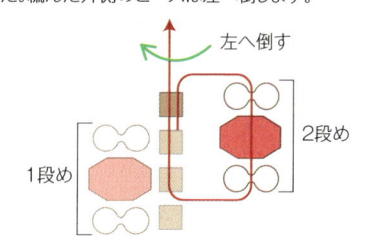

③ 3段めからは2段めと同様に繰り返し合計30段編み、糸を始末します。

④ 同じものを合計2本作りますが、2本めは糸を1.9mに切り、糸端70cm残して編みます。

⑤ 2本めを30段まで編んだら、編み地の天地を逆にして30段めの外側ビーズ・六角2個・28段めの外側ビーズを拾い、ピーナッツ・ボタン形・ピーナッツを通します。合計27回繰り返して、1本めの28段めの外側ビーズを拾ってつなぎ、六角と29段めの外側ビーズを拾います。

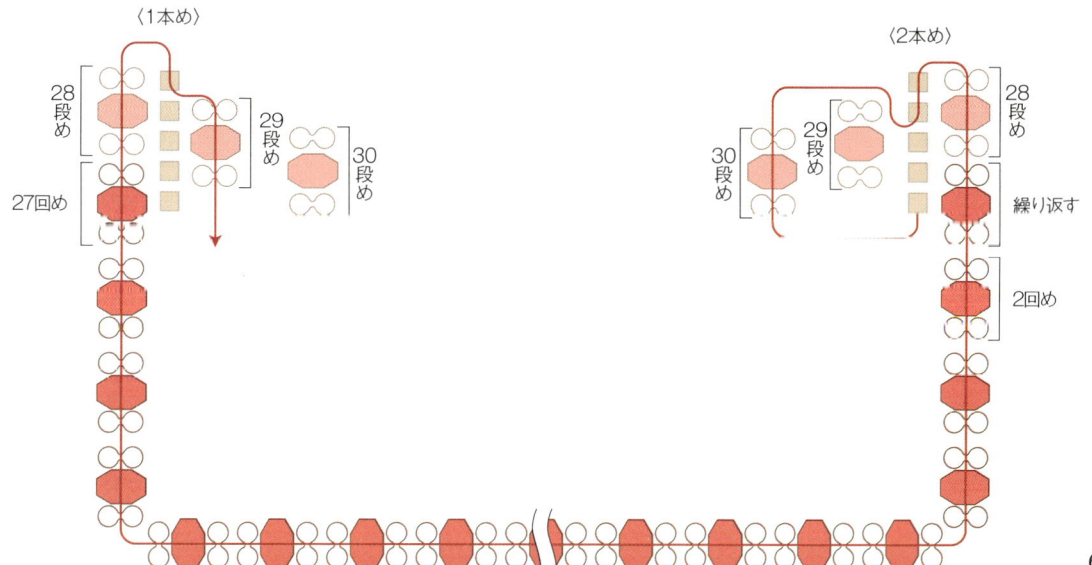

⑥ ピーナッツ・ボタン形・ピーナッツを通します。合計22回繰り返して、2本めの29段めの外側のビーズと六角を拾います。

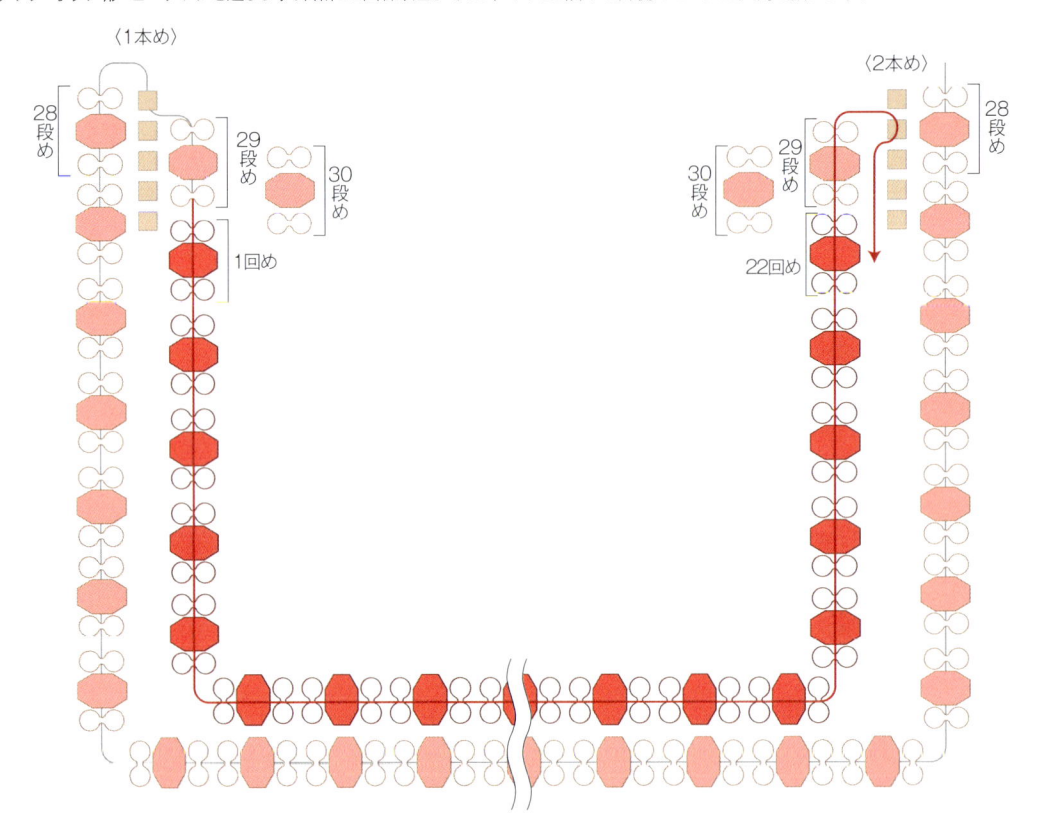

⑦ 30段めの外側にビーズを拾って、ピ　ナッツ・ボタン形・ピーナッツを通します。合計17回繰り返して、1本めの30段めの外側ビーズを拾って、糸を始末します。

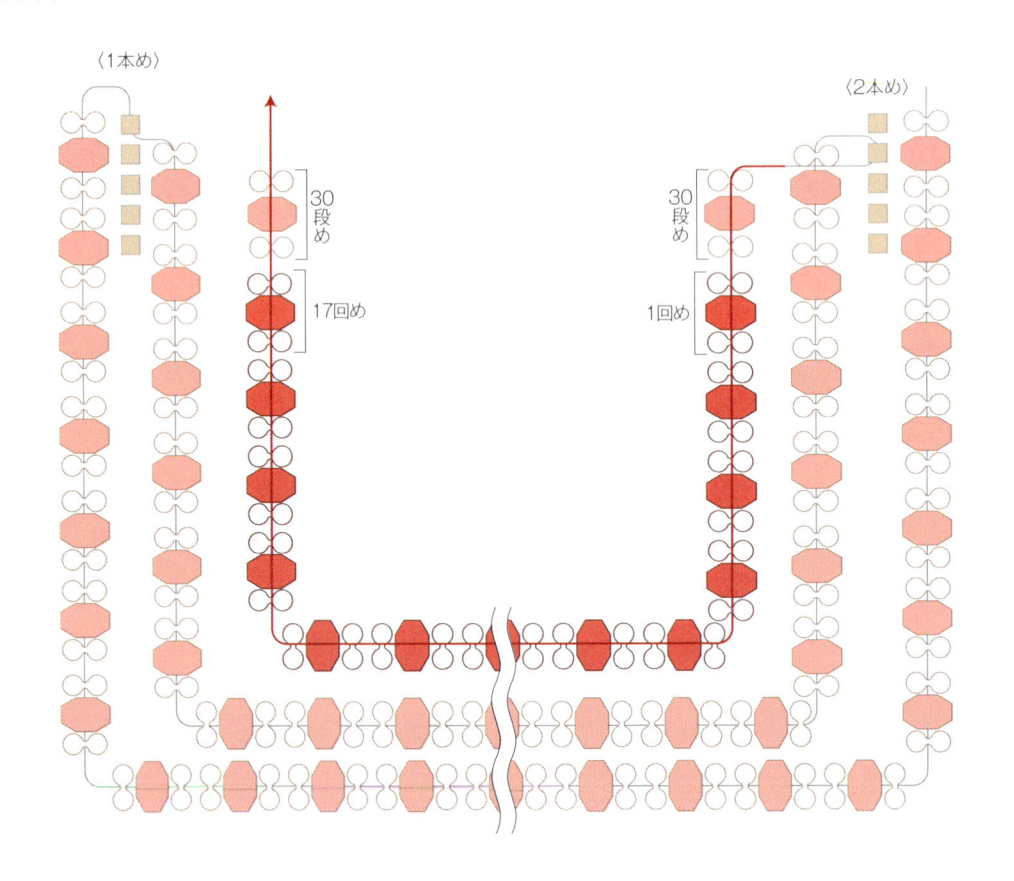

⑧ 編み始め側に残した糸で、図のようにビーズを通し、特小7個でマンテルバーをつけます。補強のためもう1周して戻り、糸を始末します。反対側も同様にビーズを通し、特小7個でマンテルリングをつけ、戻って糸を始末すれば完成です。　※ 下部分詳細 省略

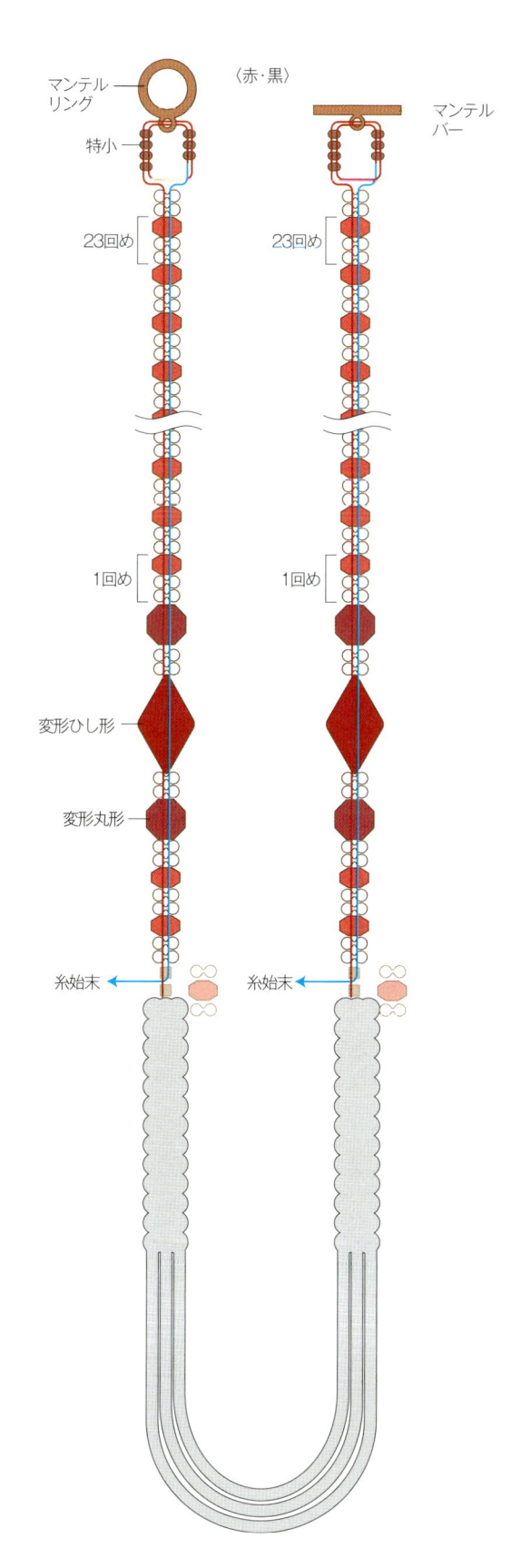

〈赤・黒〉

マンテルリング

特小

23回め

1回め

変形ひし形

変形丸形

糸始末

マンテルバー

23回め

1回め

糸始末

✿ ターコイズ

① 赤と黒の作り方のピーナッツを丸小に、ボタン形をさざれ形に変えて同じ要領で作ります。

② 編み始めに残した糸で図のようにビーズを通し、マンテルリング・マンテルバーをつけ、糸を始末すれば完成です。

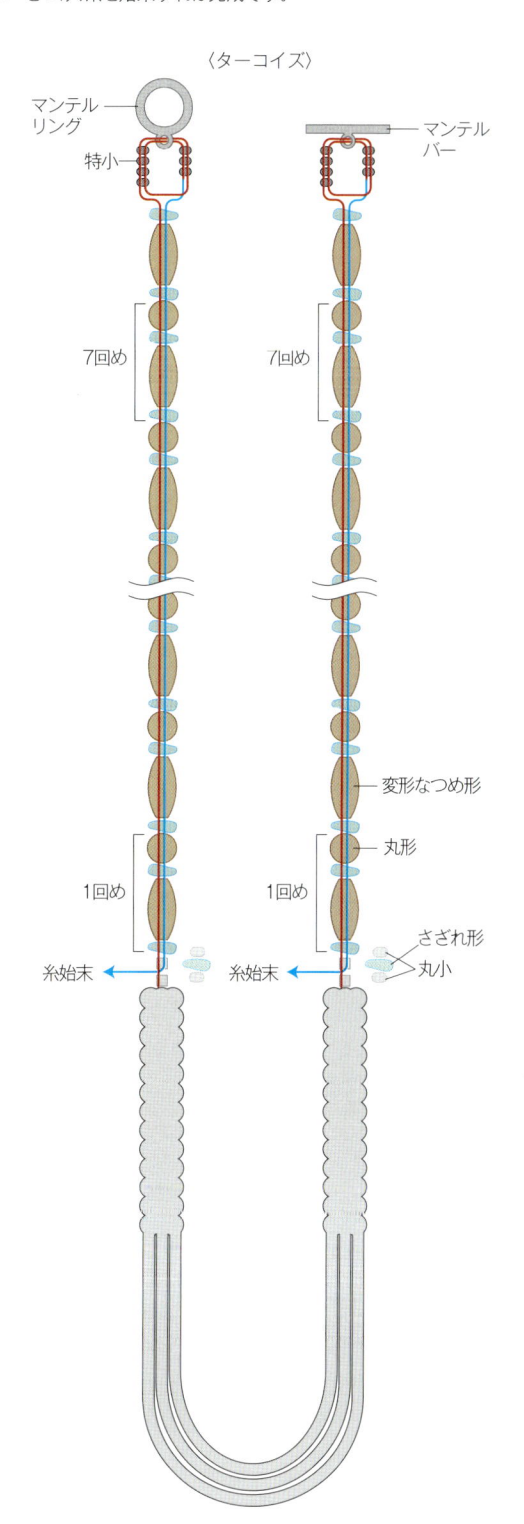

〈ターコイズ〉

マンテルリング

特小

7回め

1回め

糸始末

マンテルバー

7回め

1回め

変形なつめ形

丸形

さざれ形

丸小

糸始末

材料 ✿ ピアス（赤）

六角ビーズ（ゴールド）……………………………………18個
丸小ビーズ（ベージュ）……………………………………12個
ピーナッツビーズ 3 × 6mm（ゴールド）………………28個
ガラスビーズ ボタン形 4×3mm（赤）……………………14個
メタルパーツ デザイン柄 丸形 6mm（ゴールド）……………2個
チェーン（ゴールド）………………………………5cm×2本
ピアス金具（ゴールド）……………………………………1組
ビーズステッチ糸

材料 ✿ ピアス（黒）

六角ビーズ（メタルシルバー）………………………………18個
丸小ビーズ（銀ライン/シルバー）…………………………12個
ピーナッツビーズ 3 × 6mm（銀ライン / シルバー）………28個
ガラスビーズ 4×3mm ボタン形（黒）……………………14個
メタルパーツ デザイン柄 丸形 6mm（シルバー）……………2個
チェーン（シルバー）………………………………5cm×2本
ピアス金具（シルバー）……………………………………1組
ビーズステッチ糸

✿ ピアス（赤・黒共通）

① 糸を80cmに切り、糸端20cm残してビーズストッパーをつけます。ネックレスを参考に、スパイラルロープを7段編みます。

② 続けてメタルとチェーンの両端を通して糸を始末します。

③ 編み始めの糸で丸小3個・ピアス金具・丸小3個を通し、補強のため2周して糸を始末します。同様に合計2個作れば完成です。

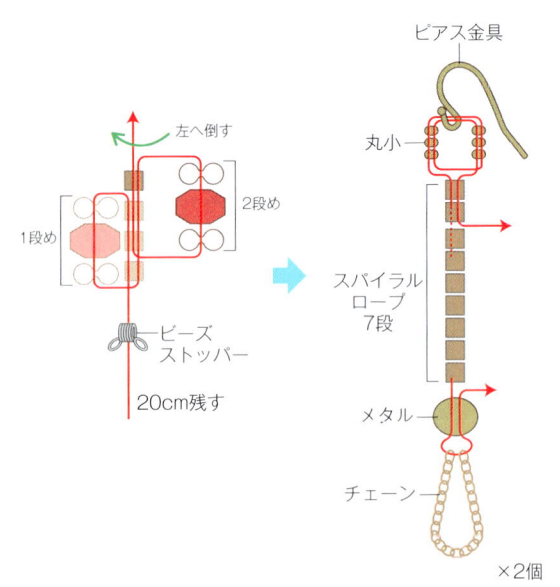

×2個

※ボタン形・ピーナッツ
は省略

材 料 ❋ ブレスレット（黒）

丸小ビーズ（シルバー） …………………………494個
ガラスビーズ ボタン形 4×3mm（黒）………………82個
クラスプ（シルバー） …………………………………1個
ビーズステッチ糸

材 料 ❋ ブレスレット（赤）

丸小ビーズ（金） …………………………………494個
ガラスビーズ ボタン形 4×3mm（赤）………………82個
クラスプ（ゴールド） ………………………………1個
ビーズステッチ糸

＊ この作品はビーズの大きさや手加減によりゲージが異なります。目数では
なく長さで調整してお作りください。

❋ ブレスレット

① 糸を3mに切り、糸端1.5m残してビーズストッパーをつけ、スクエアコード
で編みます。ボタン形と丸小を図のように通します。1目めが編めました。

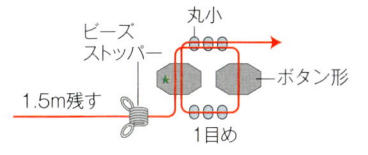

② 2目めは丸小とボタン形を通し図のように拾います。2日めを同様に繰り
返し、18cm約41目編み、丸小とクラスプを通して補強のため2周して糸
始末します。

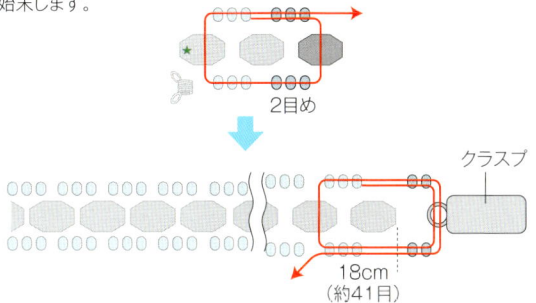

③ 編み始め側に残した糸でビーズを拾い、2目めと同じ要領で反対側も同様に繰り返し、17cm約40目編み、丸小とクラスプを通して補強のため2周し
て糸を始末すれば完成です。

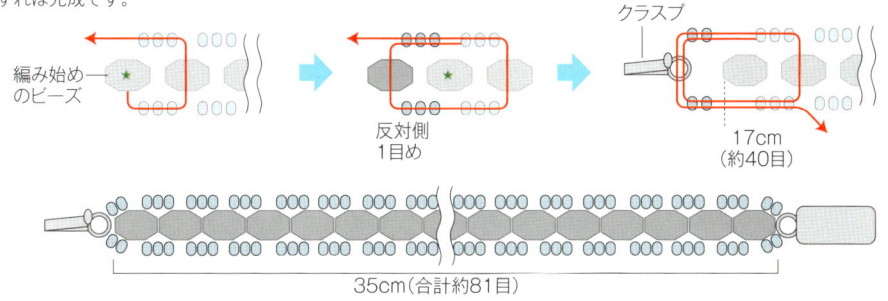

P.16

Stitch design C

Embellir アンベリール

仕上がりサイズ　約41cm

材料 § ネックレス（赤）

特小ビーズ（ゴールド）‥‥‥‥‥‥‥‥‥‥‥ 約２１８個
丸小ビーズ（つや消し赤）‥‥‥‥‥‥‥‥‥‥ 約１１２８個
丸小ビーズ（赤）‥‥‥‥‥‥‥‥‥‥‥‥‥‥ 約５７９個
クリスタルビーズ ソロバンカット３mm（赤）‥‥‥‥‥‥‥ 54個
トライアングルビーズ 2.5mm（赤）‥‥‥‥‥‥‥‥‥‥ 55個
ボタン 15mm（金古美）‥‥‥‥‥‥‥‥‥‥‥‥ 1個
ビーズステッチ糸

1 糸を３mに切り、糸端１m残してビーズストッパーをつけ、丸小（つや消し赤）を１４個通し、始めに通した２個を図のように拾います。

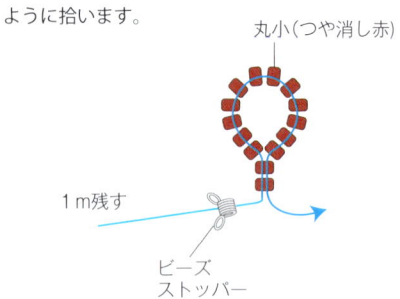

丸小（つや消し赤）

１m残す

ビーズ
ストッパー

2 丸小（つや消し赤）を１０個通し、丸小１個を図のように拾います。

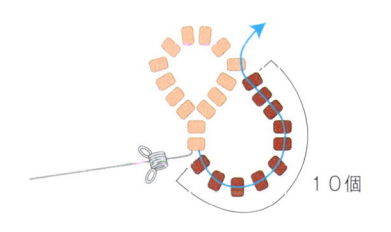

１０個

3 続けて丸小（つや消し赤）を８個通し、丸小（つや消し赤）２個を図のように拾います。

2、**3**を１模様とし、くり返してネッティングを５３模様編みます。

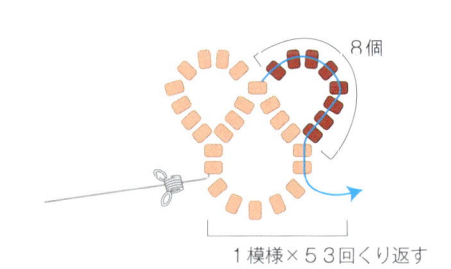

８個

１模様×５３回くり返す

4 ５４模様めは半模様編み、留め具のボタンをつけます。丸小（つや消し赤）を４個・ボタン・丸小（つや消し赤）を３個を通し、５４模様めのビーズを２個拾います。補強のためもう１周して糸を始末します。

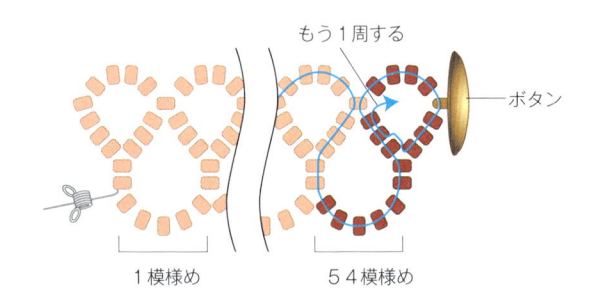

もう１周する

ボタン

１模様め

５４模様め

5 ビーズストッパーを外し、編み始めに残した糸で丸小（つや消し赤）を１０個を通し、図のようにビーズを拾います。丸小（つや消し赤）を２５個通し、編み地のビーズを拾って留め具のループを作ります。補強のためもう１周し、下側を編むためにビーズを拾って図の位置まで針を移動します。

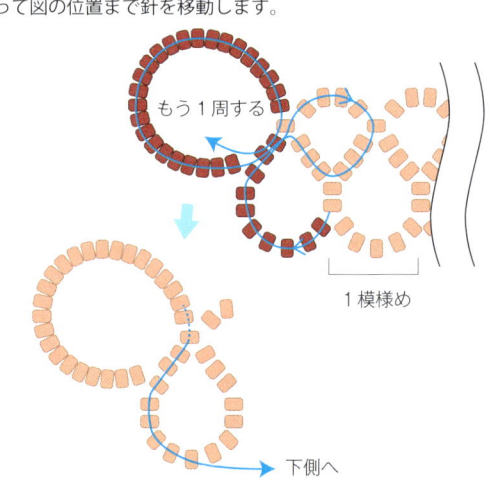

もう１周する

１模様め

下側へ

6 下側を丸小（つや消し赤）・特小・クリスタル・特小・丸小（つや消し赤）を通し、図のようにビーズを拾います。
５４模様めのビーズまで編み、糸を始末します。ベースが編めました。

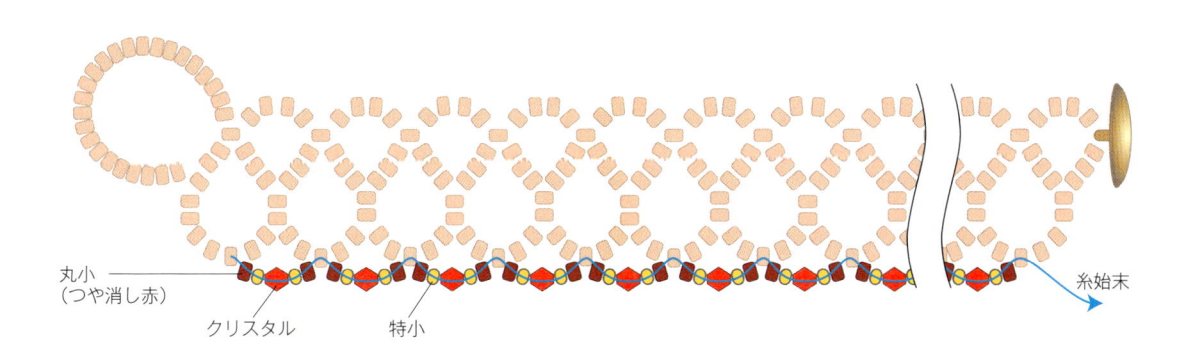

丸小
（つや消し赤）

クリスタル　　　　特小

糸始末

7 糸を２.５ｍに切り、糸端５０ｃｍ残してビーズストッパーをつけます。ベースを拾いながら、図のように編み、糸を始末します。

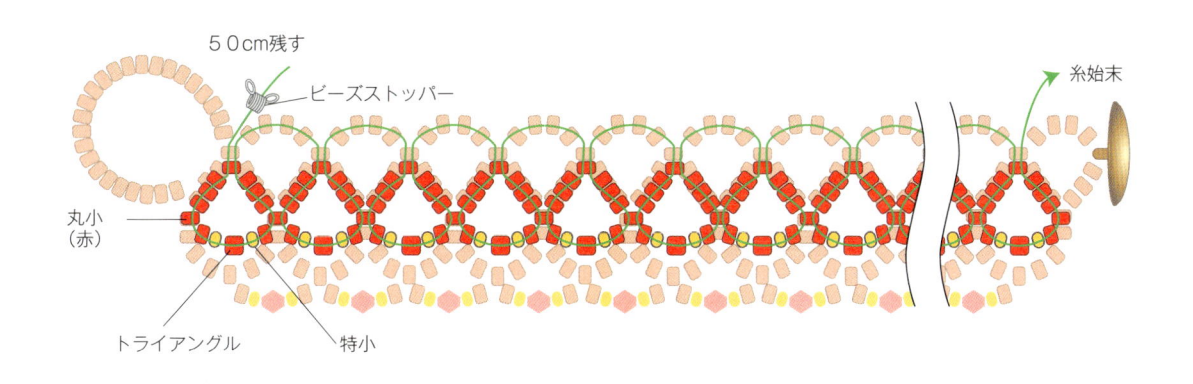

５０ｃｍ残す

ビーズストッパー

糸始末

丸小
（赤）

トライアングル　　　　特小

8 留め具のループを編みます。ビーズストッパーを外し、**7**の始めに残した糸で**5**で編んだループを拾いながら図のように編み、
糸を始末したら完成です。

丸小（赤）

材料 § ネックレス（黒）

特小ビーズ（濃銀）……………………………………… 約２１８個
丸小ビーズ（つや消し黒）………………………………… 約１１２８個
丸小ビーズ（黒）…………………………………………… 約５７９個
クリスタルビーズ ソロバンカット３mm（濃銀）………… ５４個
トライアングルビーズ 2.5mm（濃銀）………………………… ５５個
ボタン １５mm（金古美）………………………………………… １個
ビーズステッチ糸

※黒バージョンは赤バージョンの丸小（つや消し赤）を（つや消し黒）に、
　丸小（赤）を（黒）に変えて編みます。

＜黒＞

丸小（黒）

丸小（つや消し黒）

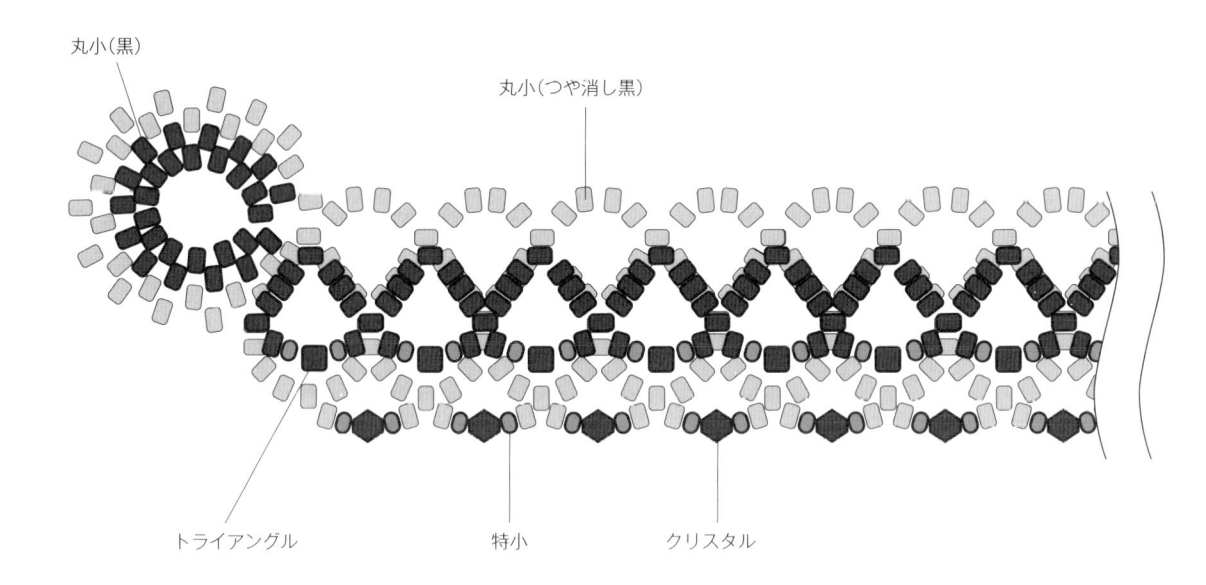

トライアングル　　　　　特小　　　　クリスタル

ボタン

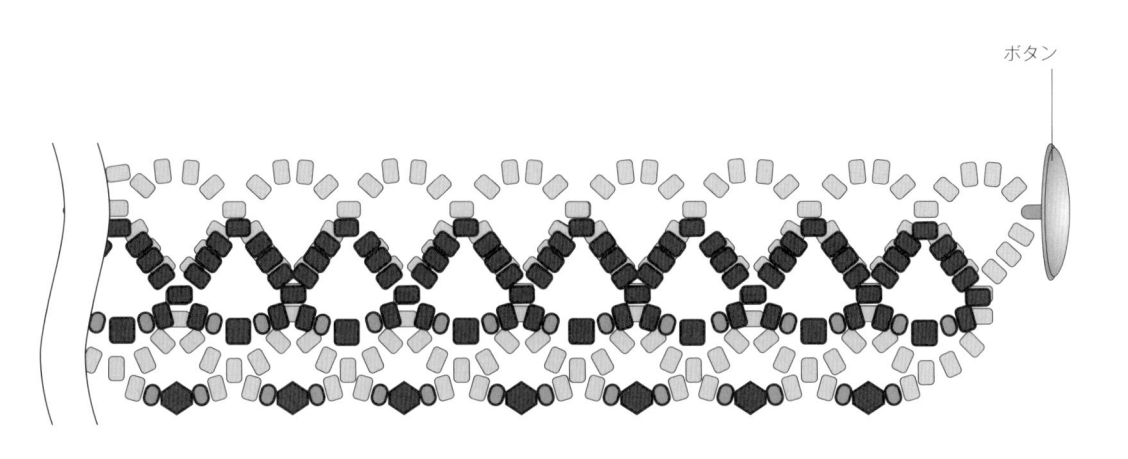

材料 § ネックレス

特小ビーズ（シルバー）…………………… ３８個
丸小ビーズ（つや消し黒）……………… １０１個
丸小ビーズ（黒）…………………………… １８６個
クリスタルビーズ ソロバンカット３mm
（シルバー）………………………………… １０個
ダガービーズ １２×４mm（黒）………… １８個
平革紐 ５mm（黒）………………………… 約４０cm
紐留めカツラ（ブラックニッケル）………… ２個
丸カン ０.７×3.5mm（ブラックニッケル）… ２個
アジャスター（ブラックニッケル）………… １本
カニカン（ブラックニッケル）……………… １個
ビーズステッチ糸

ポイント

①糸を１.４ｍに切り、糸端８０cm残してビーズストッパーをつけます。丸小（黒）で図のように編み、糸を始末します（図１）。

②編み始めに残した糸で図のように編み、ターンをして下側に丸小（黒）・特小・ダガーを図のように通して９個のループをつけターンをします（図２、３）。

③続けてベースを拾いながら丸小（つや消し黒）・特小・クリスタルで編み、糸を始末します（図４）。

④革紐を編んだ編み地の裏側から通し、中央まで移動させます。編み地を表から裏、裏から表と交互に通します（図５）。

⑤革紐の先端部分に紐留めカツラをつけ、丸カンで留め具をつければ完成です（図５）。

※ネッティングの編み方はStitch design Cと同じ。

（図１）

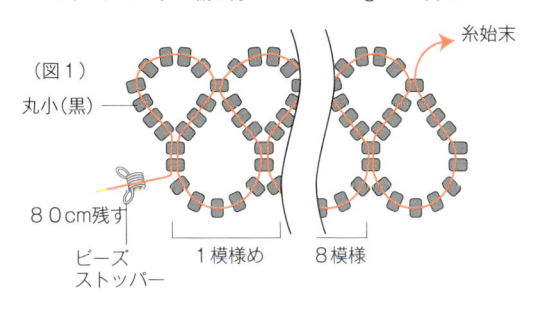

丸小（黒）
８０cm残す
ビーズストッパー
１模様め　　8模様

（図２）

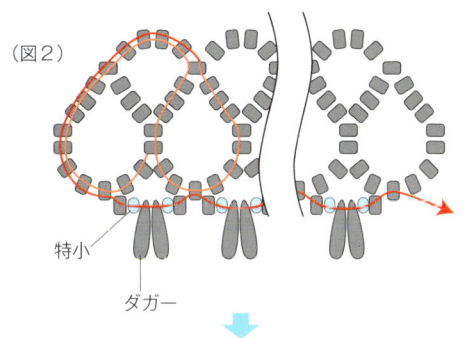

特小
ダガー

（図３）

（図４）

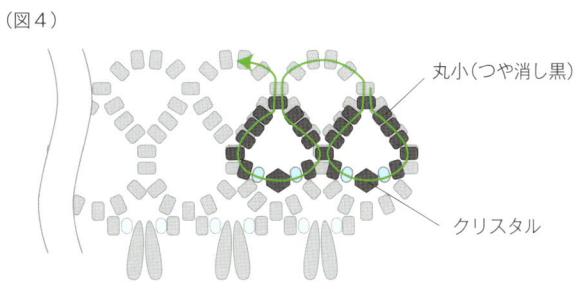

丸小（つや消し黒）
クリスタル

（図５）

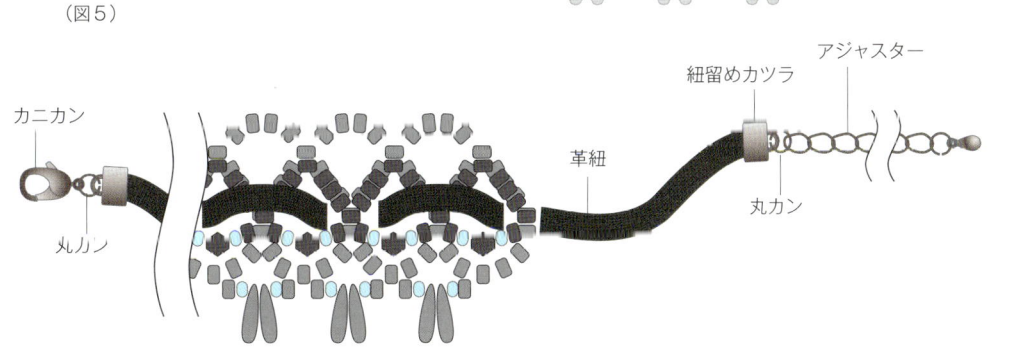

カニカン
丸カン
革紐
紐留めカツラ
アジャスター
丸カン

材料 § ネックレス

特小ビーズ（シルバー）……………………　18個
丸小ビーズ（つや消し黒）……………　138個
丸小ビーズ（黒）……………………………　41個
竹ビーズ 1分竹（黒）……………………　59個
クリスタルビーズ ソロバンカット 3mm
（シルバー）………………………………　9個
チェーン（ブラックニッケル）…………　約46cm
丸カン 0.7×3.5mm（ブラックニッケル）　2個
アジャスター（ブラックニッケル）…………　1本
カニカン（ブラックニッケル）………………　1個
ビーズステッチ糸

ポイント

①チェーンを11cmずつに切ります。

②糸を1.4mに切り、糸端80cm残してビーズ
ストッパーをつけます。丸小（つや消し黒）と竹で
図のように8模様編みます。最後はチェーンを通
して編み、糸を始末します（図1）。

③編み始めに残した糸でチェーンを通して編み、
ターンをして下側に丸小（つや消し黒）・特小・ク
リスタルを図のように通して9個のループをつけ
ターンをします（図2、3）。

④続けてベースを拾いながら竹と丸小（黒）で編み、
糸を始末します（図4）。

⑤チェーンに丸カンでアジャスターとカニカンを
つければ完成です（図4）。

※ネッティングの編み方はStitch design Cと同じ。

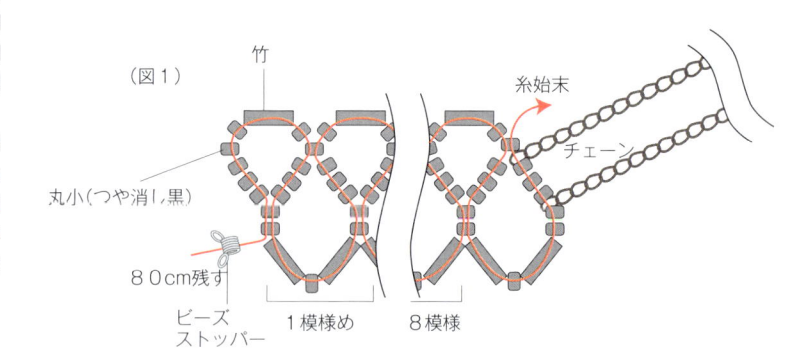

（図1）

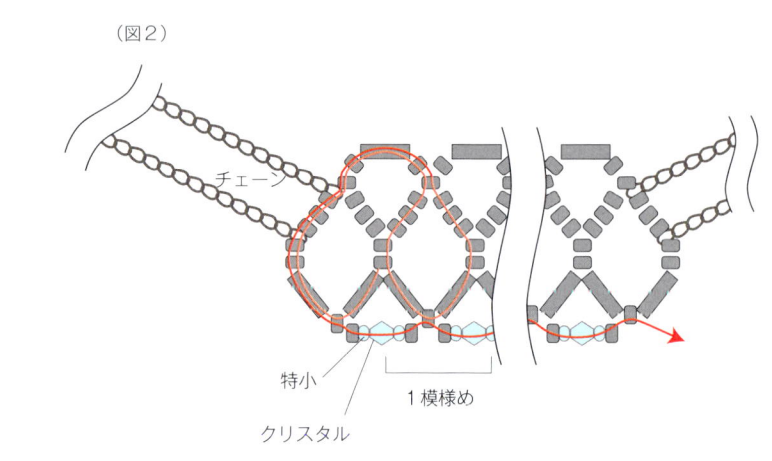

（図2）

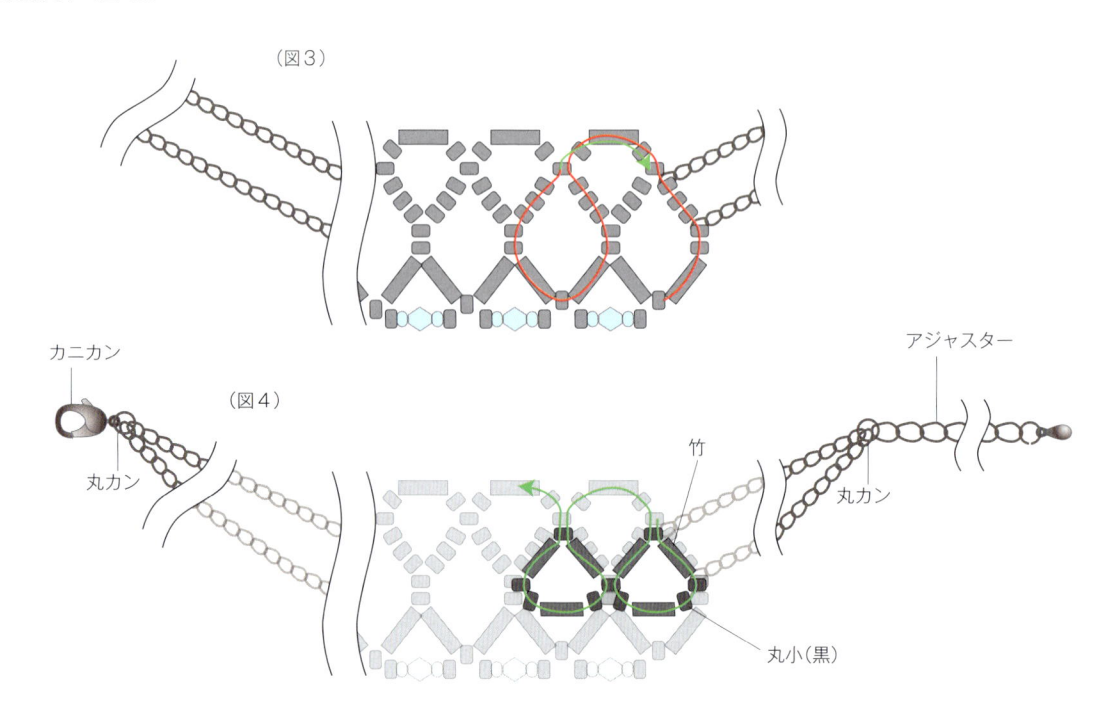

（図3）

（図4）

Step-up arrangement of C

Tears of The Flower　花びらの雫

仕上がりサイズ　ネックレストップ約4.5cm　ブレスレット約19cm

材料 ✿ ネックレス

丸小ビーズ（銀ライン/シルバー）……………………44個
特大ビーズ 4.4mm（銀ライン/シルバー）……………9個
天然石染クォーツ ドロップ形 8×12mm（黄または紫）………5個
ネックレスチェーン留め具つき ……………………1組
ビーズステッチ糸

材料 ✿ ブレスレット

丸小ビーズ（銀ライン/シルバー）…………………226個
特大ビーズ 4.4mm（銀ライン/シルバー）……………51個
天然石染クォーツ 平丸形 2×4mm（紫）……………48個
ボタン 13mm ……………………………………1個
ビーズステッチ糸

② 図のように丸小と特大を通して、丸小を拾います。続けて丸小とドロップを通して、特大を拾います。2模様めが編めました。

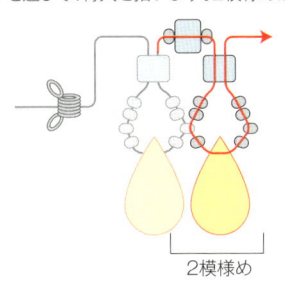

2模様め

④ チェーンを図のように通し、センターまで移動させれば完成です。

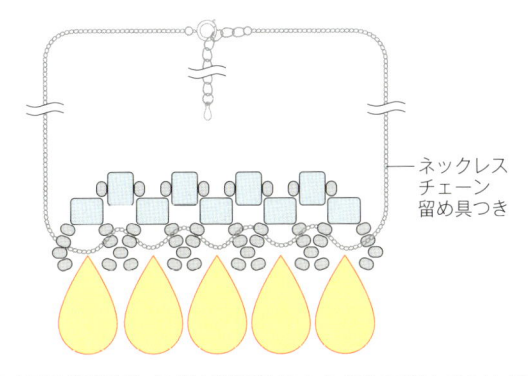

ネックレス
チェーン
留め具つき

✿ ネックレス

① 糸を60cmに切り、糸端20cm残してビーズストッパーをつけます。特大・丸小・ドロップを通し、特大を拾います。1模様めが編めました。

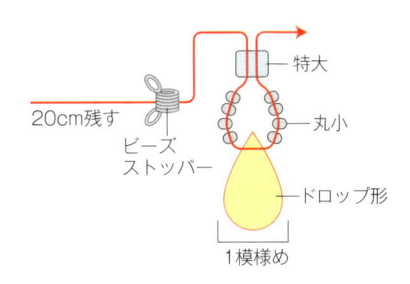

20cm残す
ビーズ
ストッパー
特大
丸小
ドロップ形
1模様め

③ 合計5模様編み、糸を始末します。編み始め側も糸を始末します。

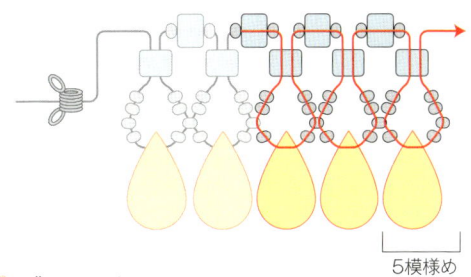

5模様め

✿ ブレスレット

① 糸を1.4mに切り、糸端30cm残してビーズストッパーをつけます。特大・丸小・平丸形を通し、特大を拾います。1模様めが編めました。図のように丸小・平丸形・特大を通し、特大を拾います。続けて丸小・平丸形・特大を通し、特大を拾います。2模様めが編めました。

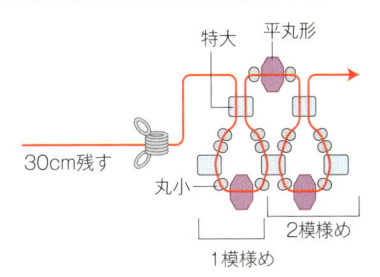

特大
平丸形
30cm残す
丸小
1模様め
2模様め

② 合計24模様編み、最後は半模様編みます。続けてボタンをつけ、補強のためもう1周して糸を始末します。編み始め側に残した糸で丸小でループをつければ完成です。

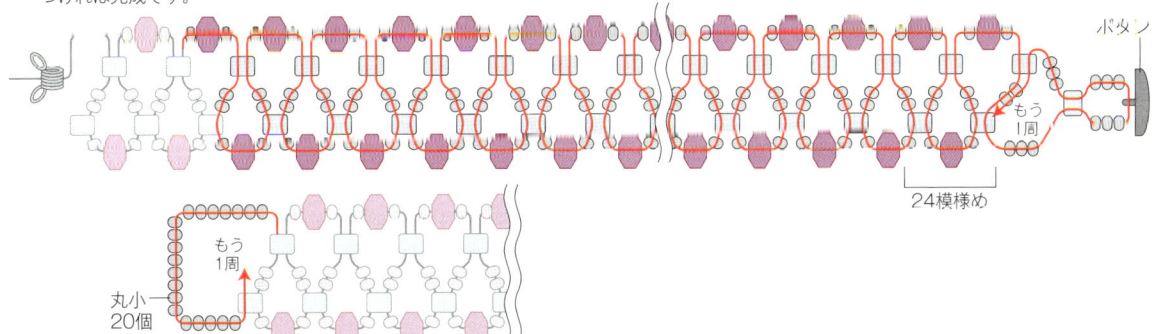

ボタン
もう
1周
24模様め
もう
1周
丸小
20個
編み始め側

75

Stitch design D

Jardins Secrets 秘密の花園

仕上がりサイズ　約41cm

材料 § ネックレス

丸小ビーズ（黄色）………………………………… 481個
丸小ビーズ（オレンジ）…………………………… 161個
丸小ビーズ（金）…………………………………… 161個
丸小ビーズ（水色）………………………………… 161個
丸小ビーズ（緑）…………………………………… 161個
丸小ビーズ（紫）…………………………………… 246個
丸小ビーズ（ピンク）……………………………… 155個
丸小ビーズ（薄黄色）……………………………… 161個
竹ビーズ 1分竹（マットオレンジ）……………… 160個
エアパール 丸玉6mm（ベージュ）……………… 55個
ボタン 長方形6×15mm（クリスタルマーブル）………… 1個
ビーズステッチ糸

1 ベースを編みます。
　糸を1.8mに切り、糸端30cm残してビーズストッパーをつけます。丸小（黄色）3個と竹ビーズ1個を通し、初めに通した丸小を拾います。1目めが編めました。

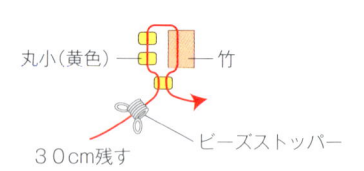

丸小（黄色）——竹
30cm残す——ビーズストッパー

2 2目めは1目めと同様にビーズを通して編み、1目めの竹を図のように拾います。1段めが編めました。

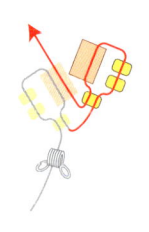

3 同様にくり返し、80段編みます。
編み終わりの糸端は休めておきます。

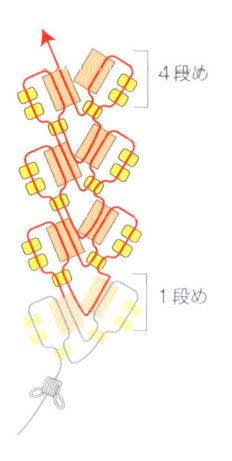

4段め
1段め

4 飾りをつけます。
　ベースを拾いながら、デージーチェーンで編みます。糸を1.8mに切り、糸端20cm残してビーズストッパーをつけます。ベースのビーズを拾い、図のようにデージーチェーンを編み、竹ビーズと丸小1個を拾います。

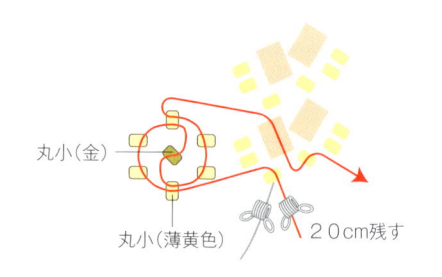

丸小（金）
丸小（薄黄色）
20cm残す

5 同様にデージーチェーンを編み、竹と丸小を拾いながら、1目ごとにビーズの色を替えて端まで編み、糸を始末します。編み始めに残した糸も始末します（次ページ配色図参照）。

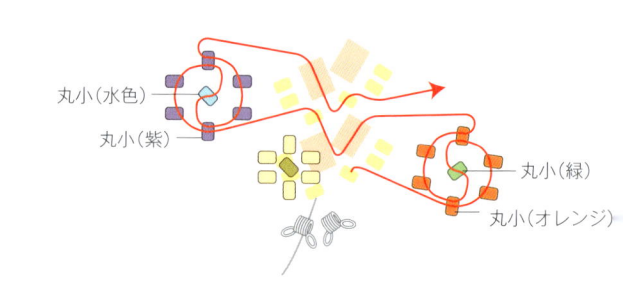

丸小（水色）
丸小（紫）
丸小（緑）
丸小（オレンジ）

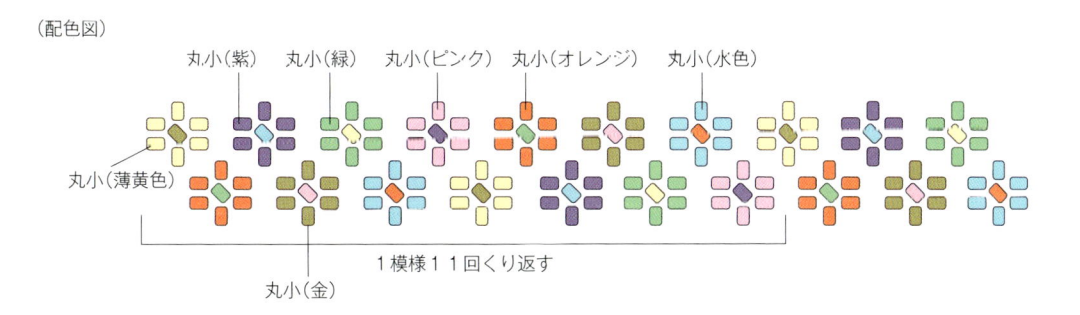

丸小（紫）　丸小（緑）　丸小（ピンク）　丸小（オレンジ）　丸小（水色）

丸小（薄黄色）

1模様11回くり返す

丸小（金）

6 糸を1.3mに切り、糸端20cm残してビーズストッパーをつけ、エアパールと丸小（紫）を交互に55個ずつ通します。丸小（紫）8個でボタンをつけ、通したビーズを拾います。

7 続けて丸小（紫）23個を通してループを作り、編み始めに残した糸と固結びして糸を始末します。

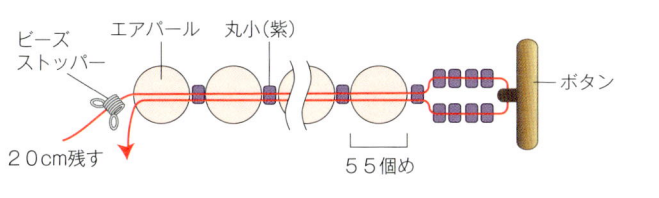

ビーズストッパー　エアパール　丸小（紫）

20cm残す

55個め

ボタン

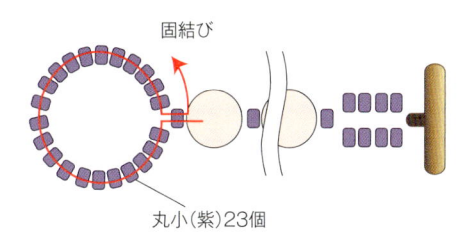

固結び

丸小（紫）23個

8 ベースの編み終わりに残した糸で、ボタンをつけた丸小を拾い、糸を始末します。ベースの編み始めに残した糸でループの丸小を拾って糸を始末すれば完成です。

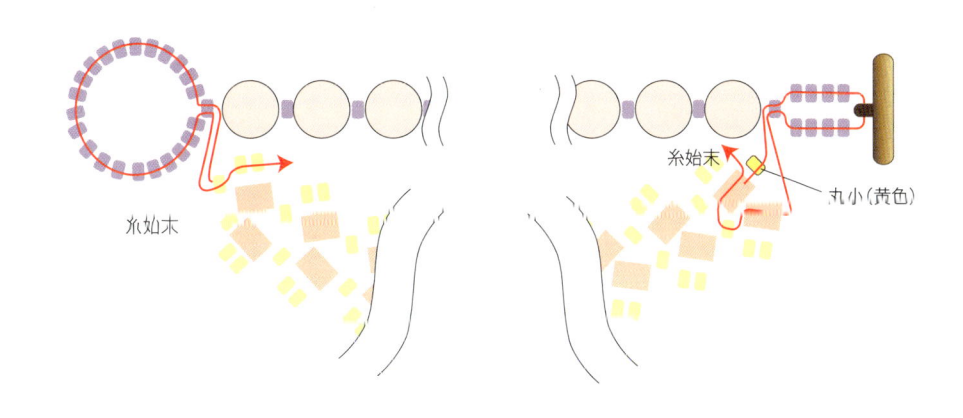

糸始末

糸始末

丸小（黄色）

材料 § ブレスレット

丸小ビーズ（銀）…………………………… ３５３個
ガラスパール　６mm（青）……………… １３個
ボタン　１３mm（シルバー）…………… １個
ビーズステッチ糸

ポイント

糸を２mに切り、糸端１m残して上段から図のように編みます。編み終わり側にボタンをつけ、糸を休めます。ビーズストッパーを外して編み始め側の糸でループを作って、下段を編み、上段の糸と固結びして全ての糸を始末すれば完成です。

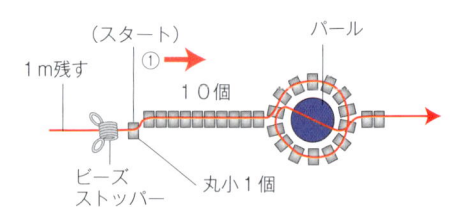

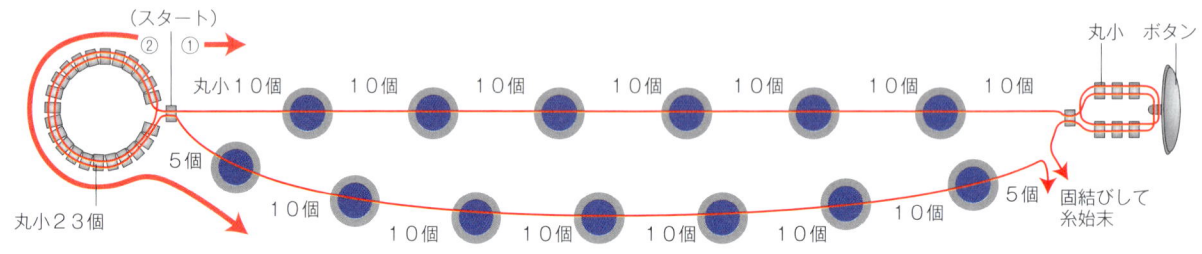

材料 § ブレスレット

丸小ビーズ（金）………………………… ７９個
ドロップビーズ（クリスタル／オレンジ）… ８８個
ファイアーポリッシュ３mm（ピンク）……… １１個
ファイアーポリッシュ４mm（グリーン）… ２４個
ボタン　１３mm（緑）…………………… １個
ビーズステッチ糸

ポイント

糸を１.２mに切り、糸端３０cm残して図のように編みます。編み終わり側にボタンをつけ、編み始め側にループを作って全ての糸を始末すれば完成です。

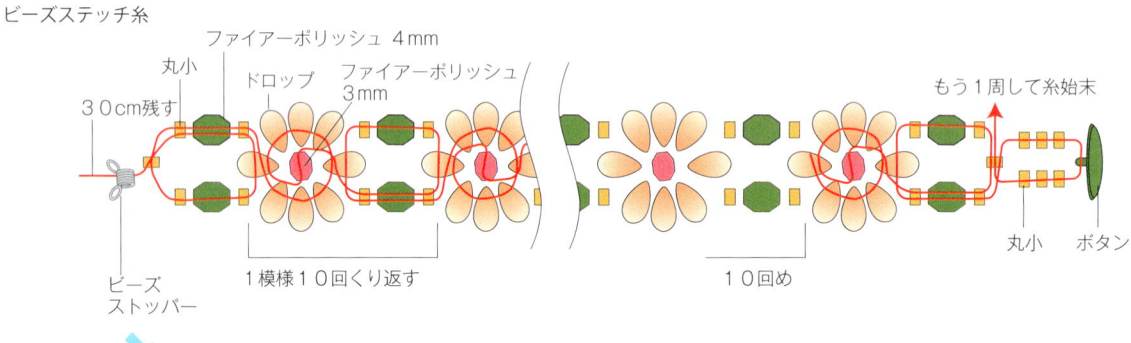

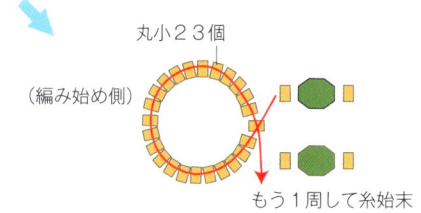

Stitch design D-3　P.20 　仕上がりサイズ　約18cm

材料 § ブレスレット

丸小ビーズ（金）…………………………… 29個
丸大ビーズ（金）…………………………… 102個
ドロップビーズ 7×4mm（緑／茶）……… 8個
ガラスビーズ ラウンド 5mm（アイボリー）… 7個
ピーナッツビーズ 3×6mm（茶）………… 70個
ボタン 13mm（金）………………………… 1個
ビーズステッチ糸

ポイント

糸を1.5mに切り、糸端30cm残して図のように編みます。編み終わり側にボタンをつけ、編み始め側にループを作って全ての糸を始末すれば完成です。

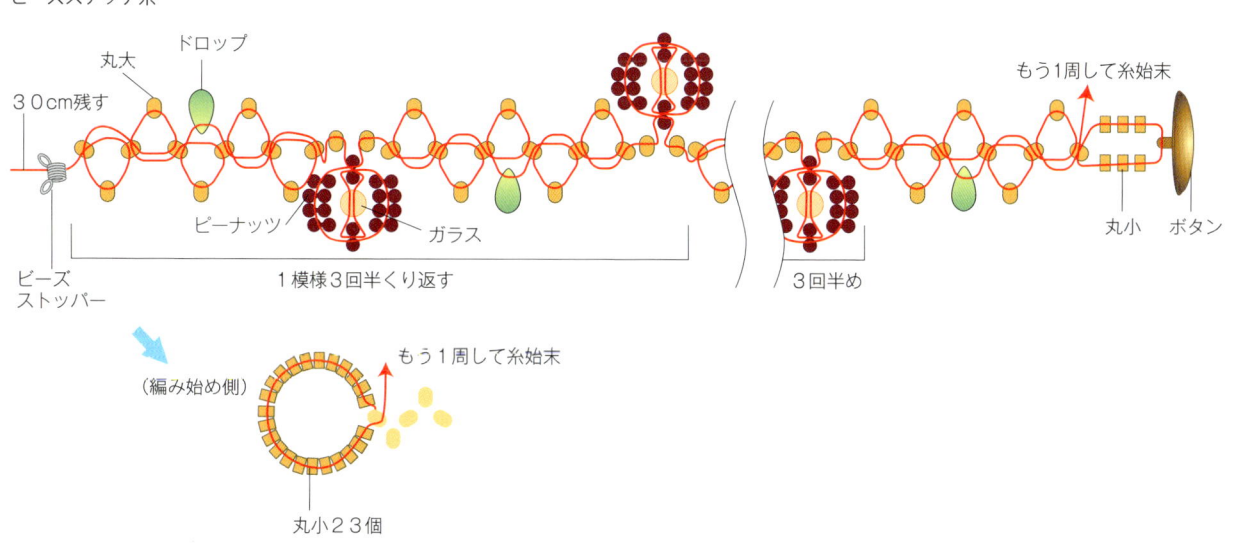

Stitch design D-4　P.21 　仕上がりサイズ　約18cm

材料 § ブレスレット

丸小ビーズ（黄色）………………………… 27個
丸大ビーズ（黄色）………………………… 42個
丸大ビーズ（水色）………………………… 36個
丸大ビーズ（茶）…………………………… 36個
丸大ビーズ（緑）…………………………… 19個
丸大ビーズ（深緑）………………………… 54個
ボタン 12mm（茶）………………………… 1個
ビーズステッチ糸

ポイント

糸を2mに切り、糸端30cm残して図のように編みます。編み終わり側にボタンをつけ、編み始め側にループを作って全ての糸を始末すれば完成です。

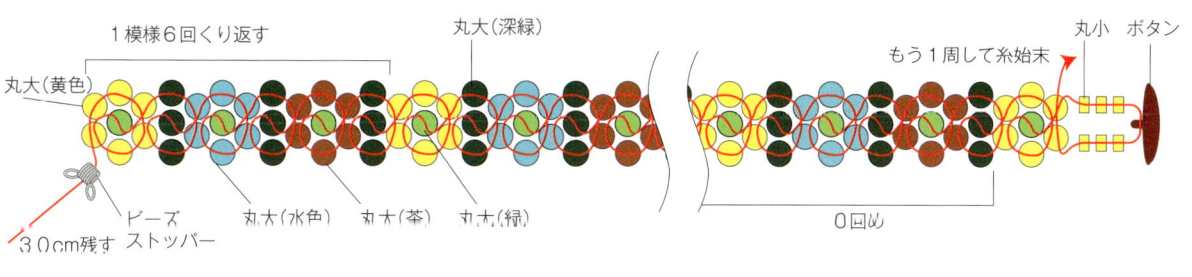

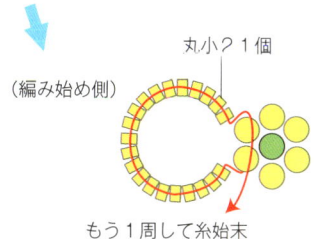

材料 § ブレスレット

丸小ビーズ（緑）…………………	84個
丸小ビーズ（ベージュ）…………………	195個
ガラスビーズ ラウンド 3mm（ピンク）…	24個
ガラスビーズ ラウンド 3mm（茶）………	18個
ガラスビーズ ラウンド 3mm（アイボリー）	7個
ボタン 12mm（茶）…………………	1個
ビーズステッチ糸	

ポイント

糸を2mに切り、糸端1m残して上段から図のように
編みます。編み終わり側にボタンをつけ、糸を休めます。
ビーズストッパーを外して編み始め側の糸でループを
作って、下段を編み、上段の糸と固結びして全ての糸を
始末すれば完成です。

材料 § ブレスレット

スリーカットビーズ（グレー）……………	31個
天然石ラブラドライト 丸玉 6mm ………	19個
ファイアーポリッシュ 4mm（青）………	96個
ボタン 13mm（シルバー）…………………	1個
ビーズステッチ糸	

ポイント

糸を1.7mに切り、糸端30cm残して図のよう
に編みます。編み終わり側にボタンをつけ、編み
始め側にループを作って全ての糸を始末すれば完
成です。

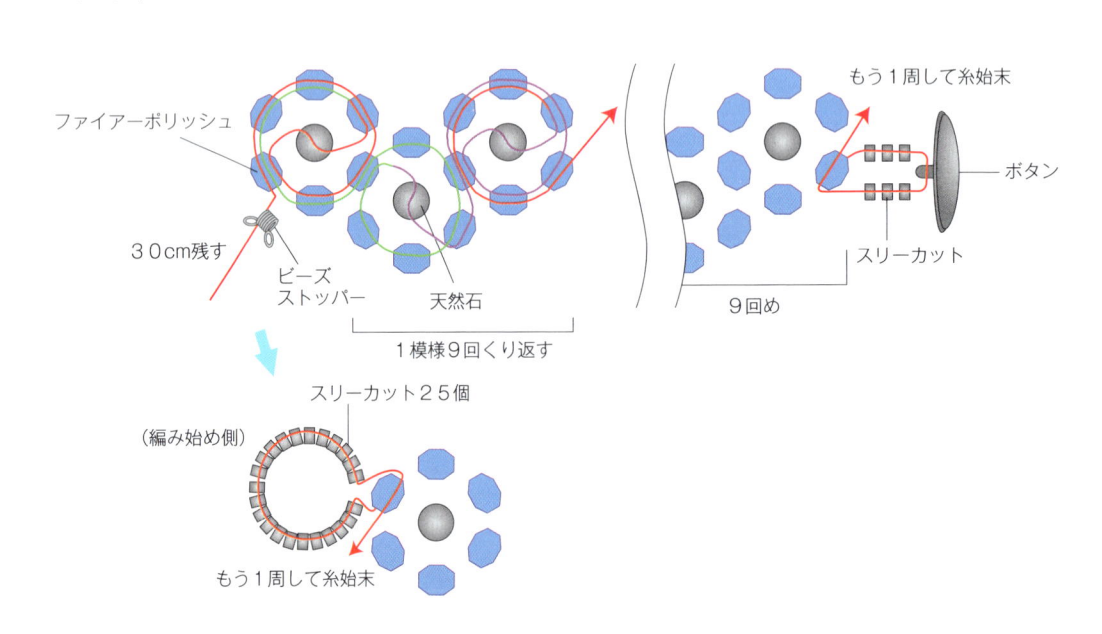

Stitch design E

Mosaic Pattern アーガイル／メルレット／パラレル

仕上がりサイズ　ペヨーテ部分約7〜8cm

材料 § パラレル（赤）

シリンダービーズ（金）………………………………… ２４個
シリンダービーズ（黄緑）…………………………… １５２個
シリンダービーズ（赤）……………………………… １６０個
シリンダービーズ（ピンク）………………………… １６８個
シリンダービーズ（グレー）………………………… ３３６個
丸カン0.8×6mm（金古美）…………………………… １個
ステッチ金具 10目用（金古美）……………………… １個
ストラップパーツ（金古美）………………………… １個
ビーズステッチ糸

材料 § パラレル（青）

シリンダービーズ（メタルシルバー）……………… ２４個
シリンダービーズ（黒）……………………………… １５２個
シリンダービーズ（薄青）…………………………… １６０個
シリンダービーズ（マットシルバー）……………… １６８個
シリンダービーズ（青）……………………………… ３３６個
丸カン0.8×6mm（銀古美）…………………………… １個
ステッチ金具 10目用（銀古美）……………………… １個
ストラップパーツ（銀古美）………………………… １個
ビーズステッチ糸

2 3段めは前段のシリンダー1個通しながら、図のように編みます。

━ 3段め

※＜青＞も同様に。

4 編み始めに残した糸で左右対称に84段まで編みます。
編み地をステッチ金具に通して、輪にしてはぎ合せ、編み地が回らないように脇を縫い留め、全ての糸を始末すれば完成です。

ストラップ
パーツ

丸カンで
つなぐ

ステッチ金具

※＜青＞も同様に。

編み地を
輪にしく
はぎ合せる

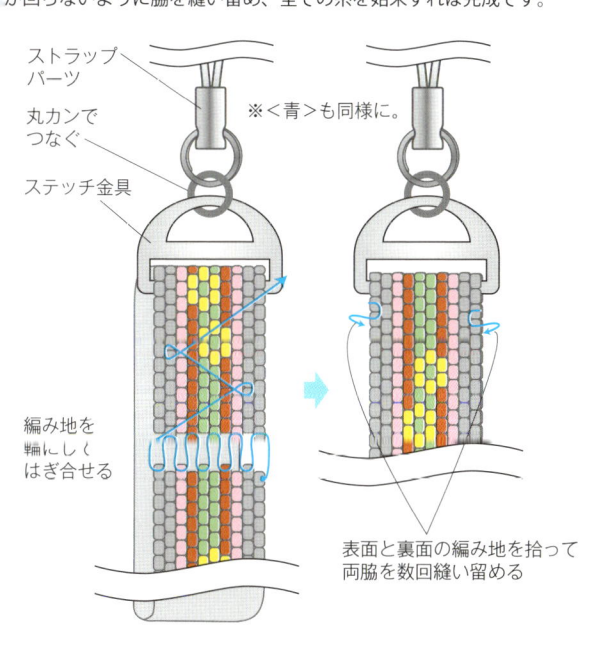

表面と裏面の編み地を拾って
両脇を数回縫い留める

1 糸を3.1mに切り、糸端1.6m残して図のようにシリンダーを通します。これが1、2段めとなります。

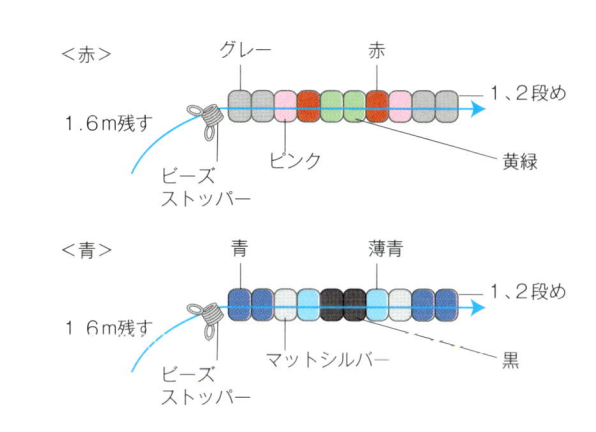

＜赤＞
グレー　赤
1.6m残す
1、2段め
黄緑
ビーズ
ストッパー　ピンク

＜青＞
青　薄青
16m残す
1、2段め
黒
ビーズ
ストッパー　マットシルバー

3 4段め以降は前段の飛び出たビーズを拾いながら編み、84段まで編みます。

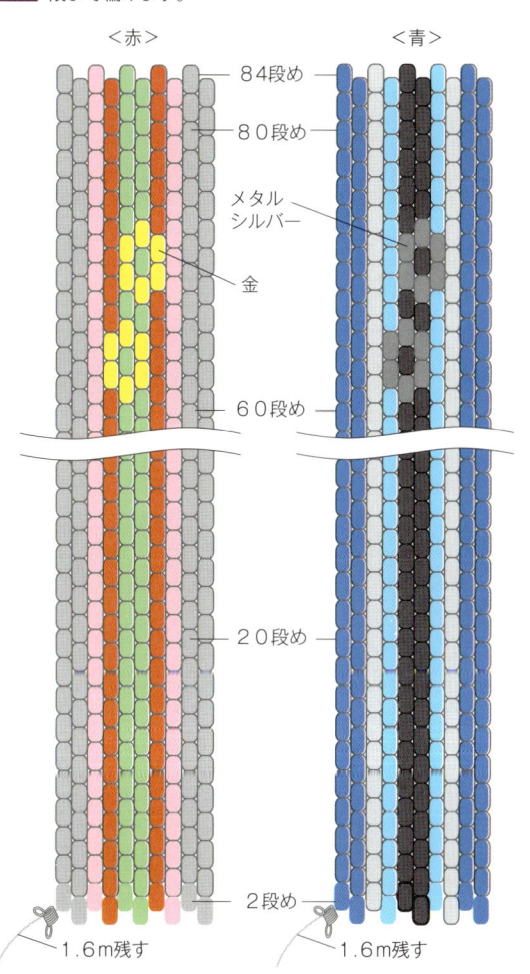

＜赤＞　　　　　　　　　　　　＜青＞

84段め
80段め
メタル
シルバー
金
60段め
20段め
2段め
1.6m残す　　　　　　1.6m残す

材料 § アーガイル（ピンク）

シリンダービーズ（白）…………………………… ３３６個
シリンダービーズ（ピンク）……………………… ２２４個
シリンダービーズ（茶）…………………………… ２８０個
丸カン 0.8×6mm（シルバー）……………………… １個
ステッチ金具 10目用（シルバー）………………… １個
ストラップパーツ（シルバー）…………………… １個
ビーズステッチ糸

材料 § アーガイル（ブルー）

シリンダービーズ（紺）…………………………… ３３６個
シリンダービーズ（水色）………………………… ２２４個
シリンダービーズ（金）…………………………… ２８０個
丸カン 0.8×6mm（金古美）………………………… １個
ステッチ金具 10目用（金古美）…………………… １個
ストラップパーツ（金古美）……………………… １個
ビーズステッチ糸

1 糸を１.６ｍに切り、糸端２０cm残して「パラレル」と同じ要領で２４段を１模様として７模様、合計１６８段を編みます。糸の残りが２０cmになったら、新たに１.６ｍの糸をつないで続けて

編みます。「パラレル」と同様に編み地をステッチ金具に通して輪にしてはぎ合せ、全ての糸を始末すれば完成です。

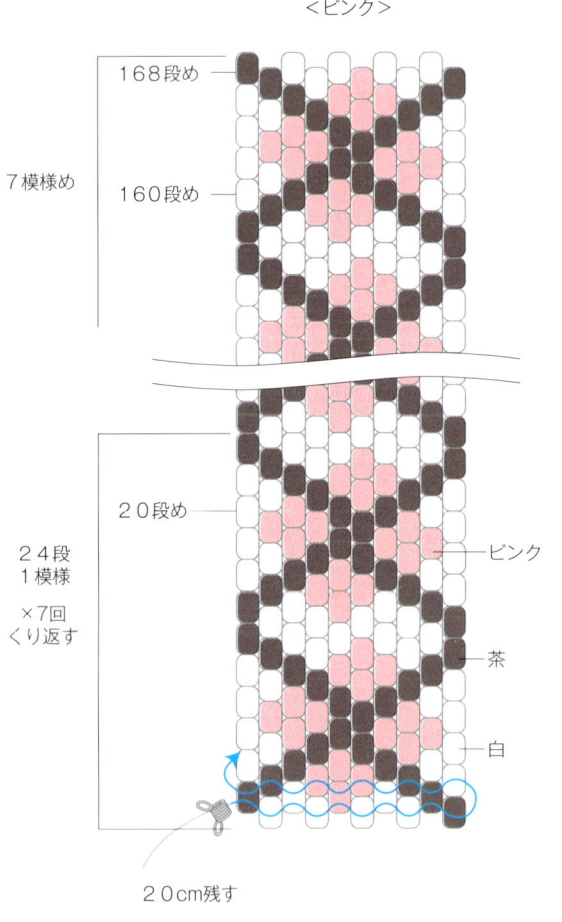

<ピンク>

168段め
7模様め
160段め
20段め
24段 1模様
×7回 くり返す
ピンク
茶
白
20cm残す

<ブルー>

168段め
160段め
20段め
水色
金
紺
20cm残す

材料 § メルレット（ブルー）

シリンダービーズ（シルバー）…………………… １８４個
シリンダービーズ（グレー）……………………… ３６８個
特小ビーズ（シルバー）…………………………… ２７６個
特小ビーズ（白）…………………………………… １８４個
クリスタルビーズ ソロバンカット 2.5mm（クリスタル AB）… ２３個
丸カン 0.8×6mm（シルバー）……………………… １個
ステッチ金具 12目用（シルバー）………………… １個
ストラップパーツ（シルバー）…………………… １個
ビーズステッチ糸

材料 § メルレット（茶）

シリンダービーズ（こげ茶）……………………… １８４個
シリンダービーズ（ベージュ）…………………… ３６８個
特小ビーズ（こげ茶）……………………………… ２７６個
特小ビーズ（茶）…………………………………… １８４個
クリスタルビーズ ソロバンカット 2.5mm（茶）……… ２３個
丸カン 0.8×6mm（ゴールド）……………………… １個
ステッチ金具 12目用（ゴールド）………………… １個
ストラップパーツ（ゴールド）…………………… １個
ビーズステッチ糸

1 糸を1.5m に切り、糸端20cm 残して3目のペヨーテステッチを編みます。

2 ターンをして特小3個通し、4段めを編みます。図のように5〜8段めを編みます。

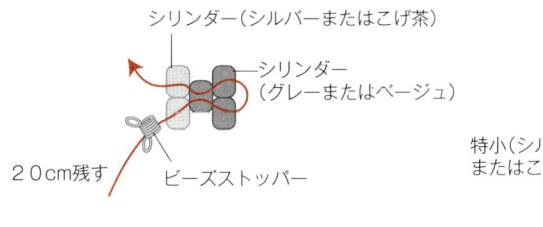

シリンダー（シルバーまたはこげ茶）
シリンダー（グレーまたはベージュ）
20cm残す
ビーズストッパー

※イラストはブルーバージョンで描いています。
　ビーズの色名は前がブルー、後ろが茶の場合の
　色名です。

特小（シルバーまたはこげ茶）
5〜8段め

3 5〜8段めの4段を1模様として45模様、合計184段を編み、輪にして1段めとはぎ合せます。同じものを合計2枚編み、糸を始末します。

4 糸を70cmに切り、糸端20cm残して、特小（白または茶）を通し、**3**の編み地を図のように拾って糸を始末します。2本めは特小（白または茶）を通してクリスタルを拾って図のように編み、全ての糸を始末すれば完成です。

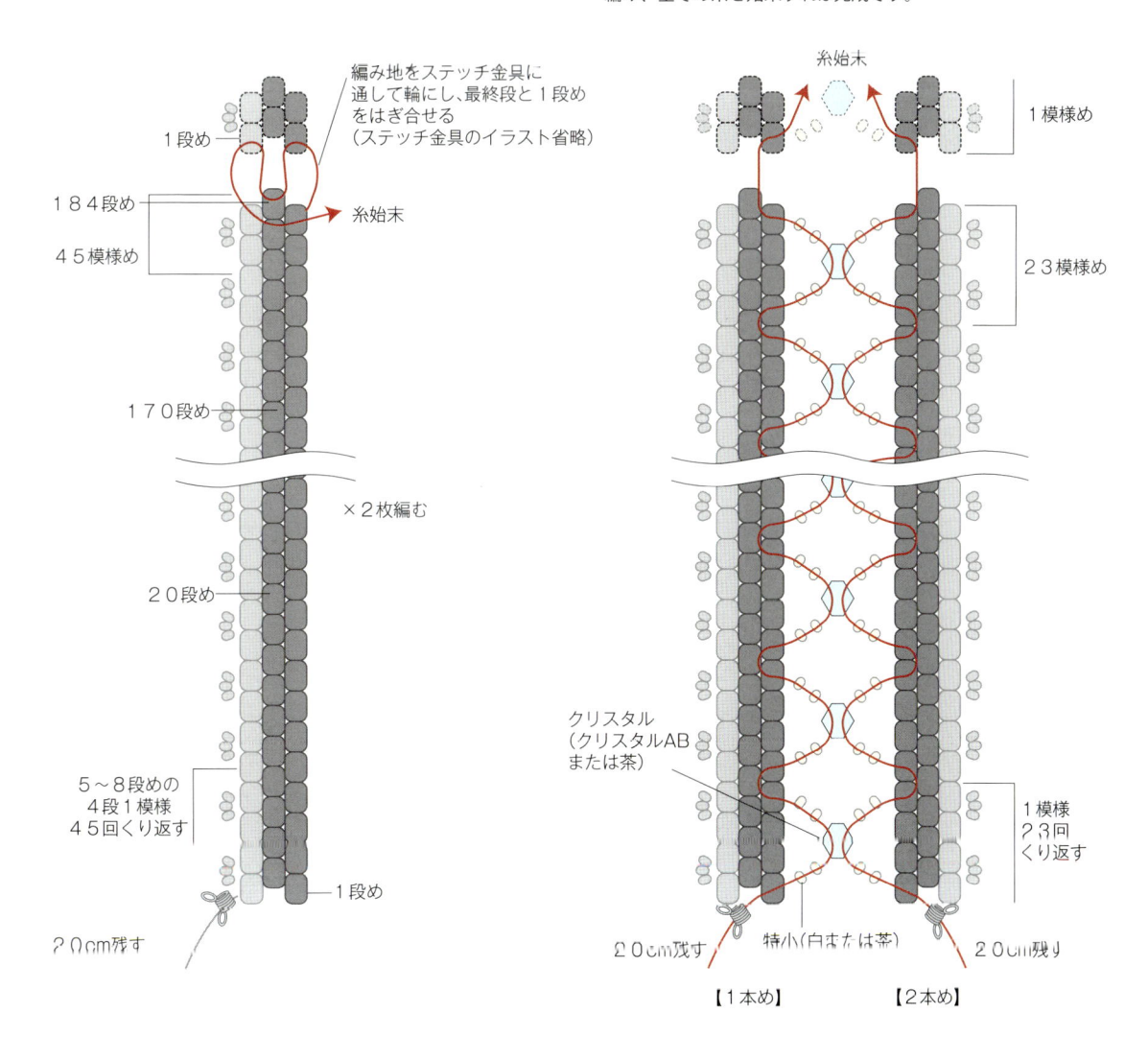

1段め
編み地をステッチ金具に通して輪にし、最終段と1段めをはぎ合せる（ステッチ金具のイラスト省略）
184段め
45模様め
糸始末
170段め
×2枚編む
20段め
5〜8段めの4段1模様45回くり返す
1段め
20cm残す

糸始末
1模様め
23模様め
クリスタル（クリスタルABまたは茶）
1模様23回くり返す
20cm残す
特小（白または茶）
20cm残り
【1本め】
【2本め】

P.24

Step-up arrangement of E

Escape from boredom　退屈からのエスケープ

仕上がりサイズ　ペンダントヘッド約 3 × 2.7cm（バチカン含む）

材料 ✿ ペンダント デザインA

特小ビーズ（薄茶）‥‥‥‥‥‥‥‥‥‥‥‥‥‥‥27個
シリンダービーズ 10/0（茶）‥‥‥‥‥‥‥‥‥‥129個
シリンダービーズ10/0（黄）‥‥‥‥‥‥‥‥‥‥108個
シリンダービーズ10/0（紫）‥‥‥‥‥‥‥‥‥‥75個
キュービックジルコニア 5mm（クリスタル/シルバー）‥‥‥‥1個
革ひも 直径1.5mm・75cm（茶色）‥‥‥‥‥‥‥‥2本
ビーズステッチ糸

材料 ✿ ペンダント デザインB

特小ビーズ（薄茶）‥‥‥‥‥‥‥‥‥‥‥‥‥‥‥27個
シリンダービーズ 10/0（茶）‥‥‥‥‥‥‥‥‥‥90個
シリンダービーズ 10/0（水色）‥‥‥‥‥‥‥‥‥75個
シリンダービーズ 10/0（白）‥‥‥‥‥‥‥‥‥‥75個
シリンダービーズ 10/0（ゴールド）‥‥‥‥‥‥‥75個
キュービックジルコニア 5mm（クリスタル/ゴールド）‥‥‥‥1個
革ひも 直径約1.3mm・75cm（モスグリーン・ベージュ）‥ 各1本
ビーズステッチ糸

✿ ペンダント デザインA

① 三角パーツをペヨーテステッチで編みます。
　底面を編みます。糸を1.7mに切り、茶を3個通し、糸端20cm残して固結びをします。最初に通した茶を拾います。これが1段めとなります。

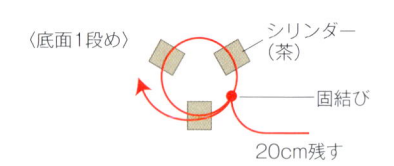

② 2段めは、茶の間に茶を2個ずつ通して編みます。1周したら、最初に通した茶1個を拾って立ち上がります*。

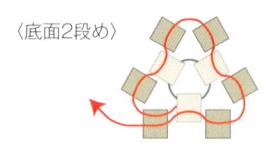

③ 3段めは、茶を2個と黄1個を交互に通します。1周したら最初に通した茶を拾って立ち上がります。

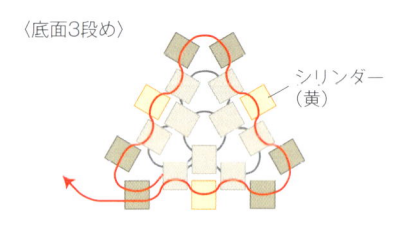

④ 4段めから7段めまでは、角で茶を2個ずつ通し、図の配色で前段のビーズの間にシリンダーを1個ずつ通して編みます。1周したら最初に通した茶を拾って立ち上がります。

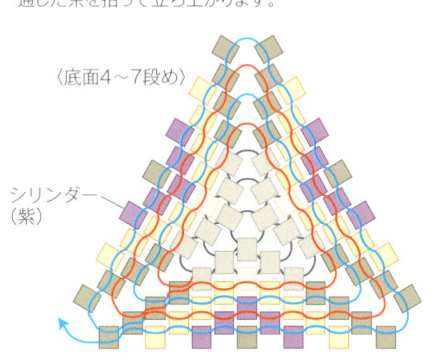

⑤ 8段めは、角のビーズを1個にして編みます。1周したら最初に通した茶を拾って立ち上がります。

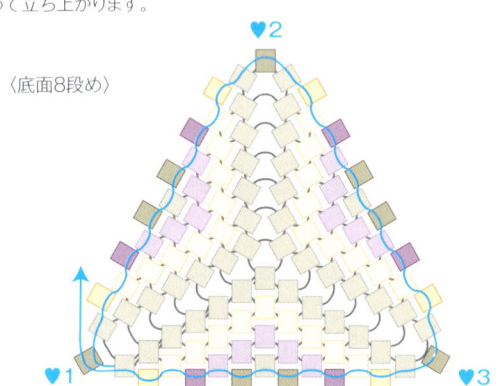

⑥ 続けて側面をチューブで編みます。糸がビーズの左側から出るように編地を持ち、毎段立ち上がりながら、図の配色で7段編みます。

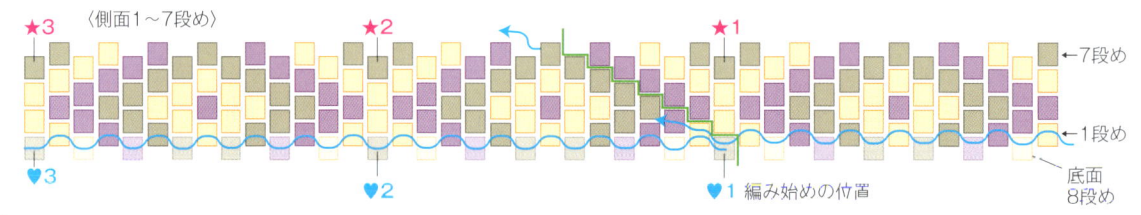

*段の編み終わりに、最後に拾ったビーズに続けて段の最初に通したビーズを拾い、次の段へ進むことを「立ち上がり」といいます。

⑦ 続けて上面を編みます。角では茶2個を続けて拾って減目をし、毎段立ち上がりながら図の配色で5段編みます。最終段はキュービックジルコニアを通します。

〈上面1段め〉

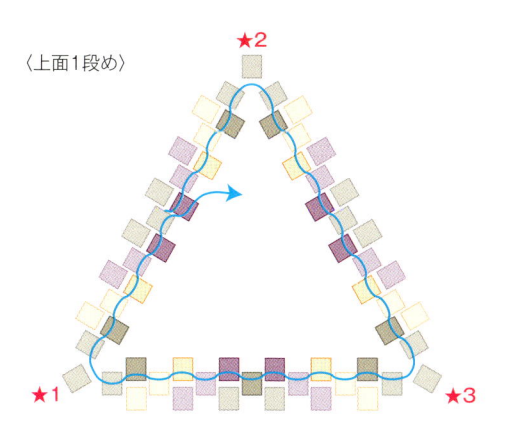

〈上面2〜5段め〉

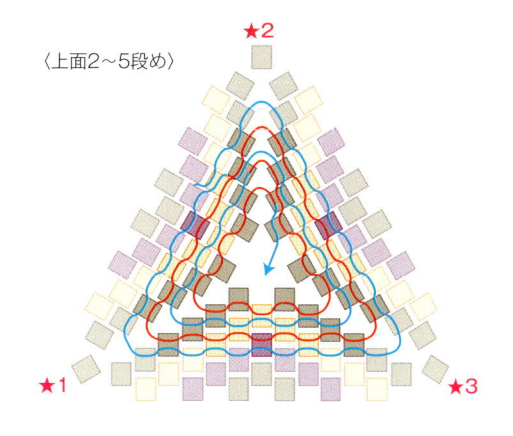

⑧ 最後は、もう1周して糸を引き締め、図の位置までビーズを拾います。

〈上面6段め〉

キュービックジルコニア

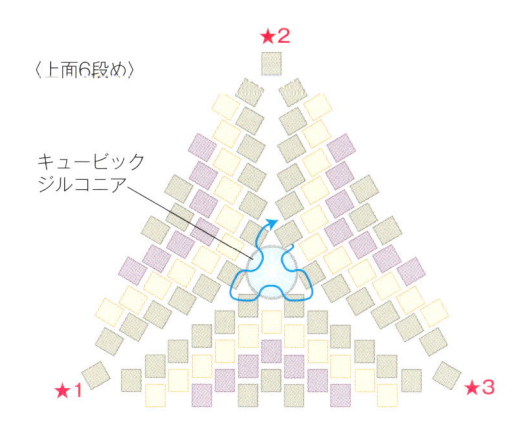

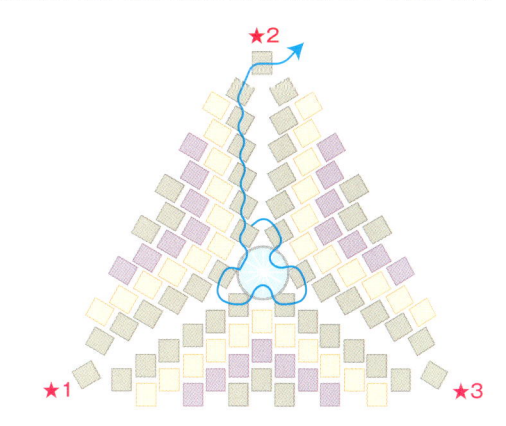

⑨ 続けて、バチカンを作ります。黄と紫を拾い、特小15個通し、紫を拾ってターンします。特小6個通し、中央の特小を3個拾い、特小6個を通し、紫を拾って全ての糸を始末します。

特小

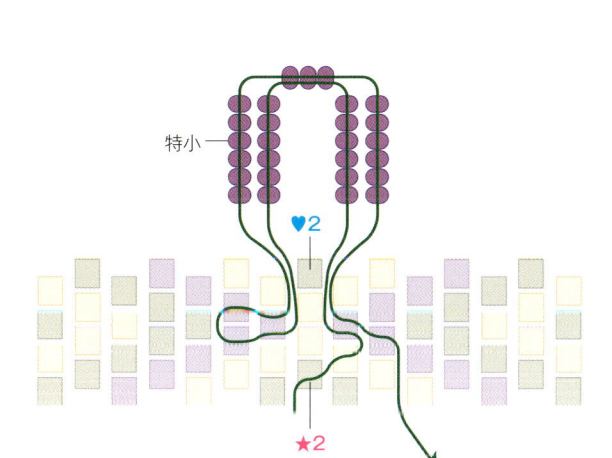

⑩ バチカン部分にコード2本を通し、両端を結びつければ完成です。

2本まとめて結ぶ

ヘッド

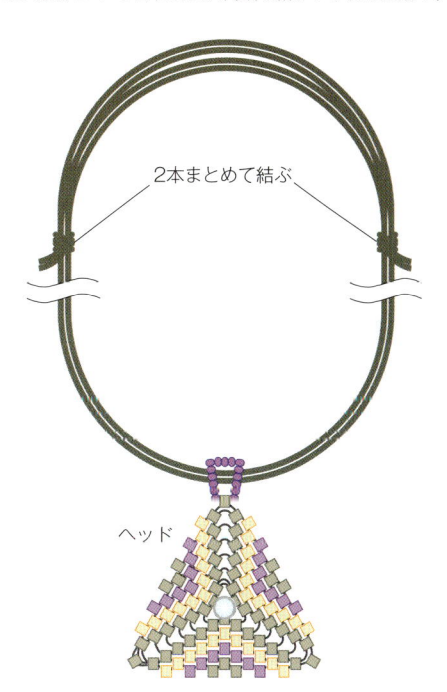

✿ ペンダント デザインB

① ビーズの配色を変えて、デザインAと同様に作ります。

② 特小でバチカンを作り、コード2本を通し、両端を結びつければ完成です。

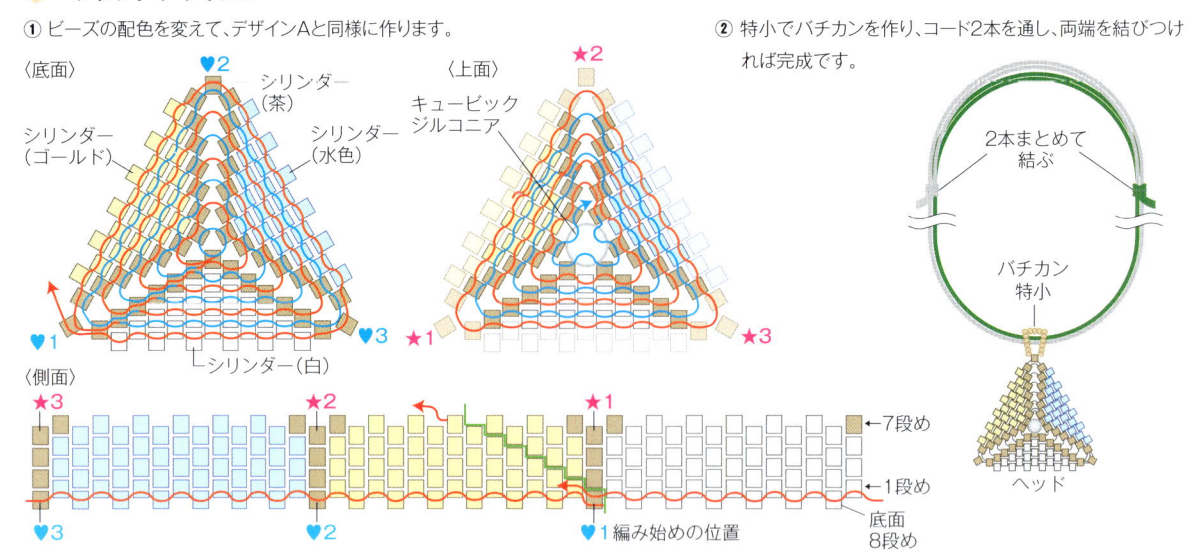

〈底面〉

♥2
シリンダー（茶）
シリンダー（ゴールド）
シリンダー（水色）
シリンダー（白）

♥1　♥3

〈上面〉

★2
キュービック ジルコニア

★1　★3

2本まとめて結ぶ

バチカン 特小

ヘッド

〈側面〉

★3　★2　★1　←7段め

←1段め

♥3　♥2　♥1編み始めの位置　底面 8段め

P.25

Papillon en Cristal　クリスタルパピヨン

仕上がりサイズ　約 4.2cm × 1.1cm

材料 ❀ クリスタルビーズ長方形（ブルー）

シリンダービーズ 丸11/0（メタリックオーロラ）…………224個
シリンダービーズ 丸11/0（ブルー）………………………220個
クリスタルビーズ ラウンドカット 3mm（薄グレー）…………8個
クリスタルビーズ 長方形 14 × 10mm（ブルー）……………1個
ブローチピン 35mm（ゴールド）………………………………1個
ジュエルパテ Decore（ブラックダイヤ）………………………適量
ビーズステッチ糸

材料 ❀ クリスタルビーズ長方形（クリスタル）

シリンダービーズ 丸11/0（銀ライン/シルバー）…………224個
シリンダービーズ 丸11/0（メタルシルバー）………………220個
クリスタルビーズ ラウンドカット 3mm（薄グレー）…………8個
クリスタルビーズ 長方形 14 × 10mm （クリスタル）………1個
ブローチピン 35mm（ゴールド）………………………………1個
ジュエルパテ Decore（ブラックダイヤ）………………………適量
ビーズステッチ糸

材料 ❀ クリスタルビーズ長方形（ピンク）

シリンダービーズ 丸11/0（茶）…………………………………224個
シリンダービーズ 丸11/0（金色）………………………………220個
クリスタルビーズ ラウンドカット 3mm（薄グレー）…………8個
クリスタルビーズ 長方形 14 × 10mm（ピンク）……………1個
ブローチピン 35mm（ゴールド）………………………………1個
ジュエルパテ Decore（ブラックダイヤ）………………………適量
ビーズステッチ糸

③ 4段め～11段めはシリンダー（メタリックオーロラ）を1個ずつ通しな
　がら前段を拾って編みます。12段め～38段めはシリンダー（ブルー）
　を1個ずつ通しながら前段を拾って編み糸を休めます。

❀ クリスタルビーズ長方形（ブルー）

① ペヨーテステッチでリボンの下側を編みます。糸を1.6mに切り、糸端
　80cm残してビーズストッパーをつけます。1・2段めとなるシリンダー（メ
　タリックオーロラ）とシリンダー（ブルー）を交互に通します。

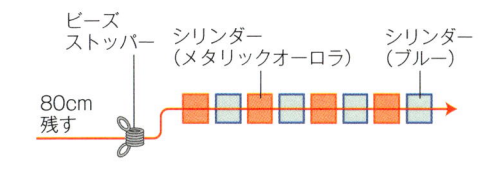

② 3段めはシリンダー（メタリックオーロラ）を1個ずつ通しなが
　ら、シリンダー（メタリックオーロラ）を拾います。

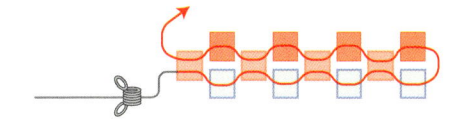

④ 編み始め側に残した糸で反対側を1段め～10段めはシリンダー（メタリッ
　クオーロラ）、11段め～37段めはシリンダー（ブルー）で編み、糸を休めま
　す。（★はブローチピンつけ位置）

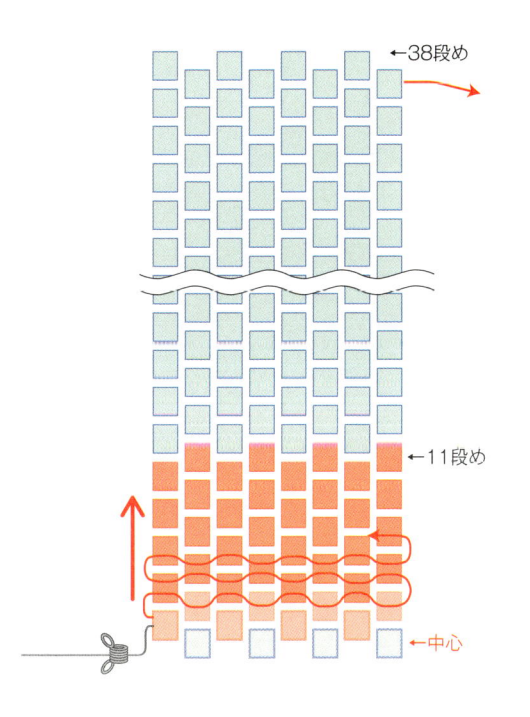

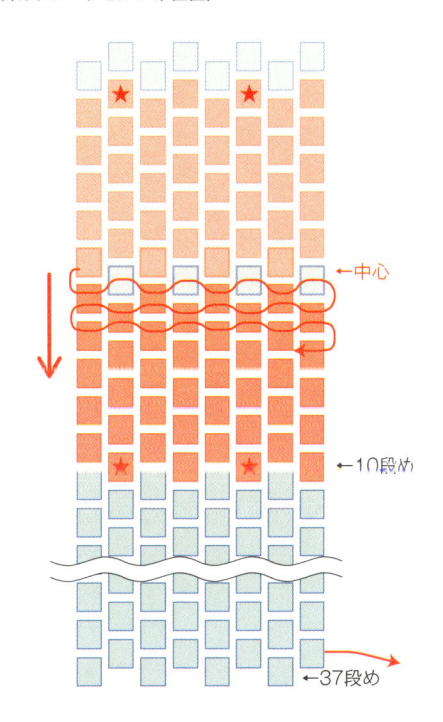

⑤ ペヨーテステッチでリボンの上側を編みます。糸を1.2mに切り、糸端60cm残してビーズストッパーをつけます。図のように10段めまでビーズを拾って編みます。シリンダー（メタリックオーロラ）を1個ずつ通し、11段めを拾い8目編みます。これを1段めとして、ペヨーテステッチで18段編み、糸を休めます。編み始め側に残した糸も同じ要領で編みます。

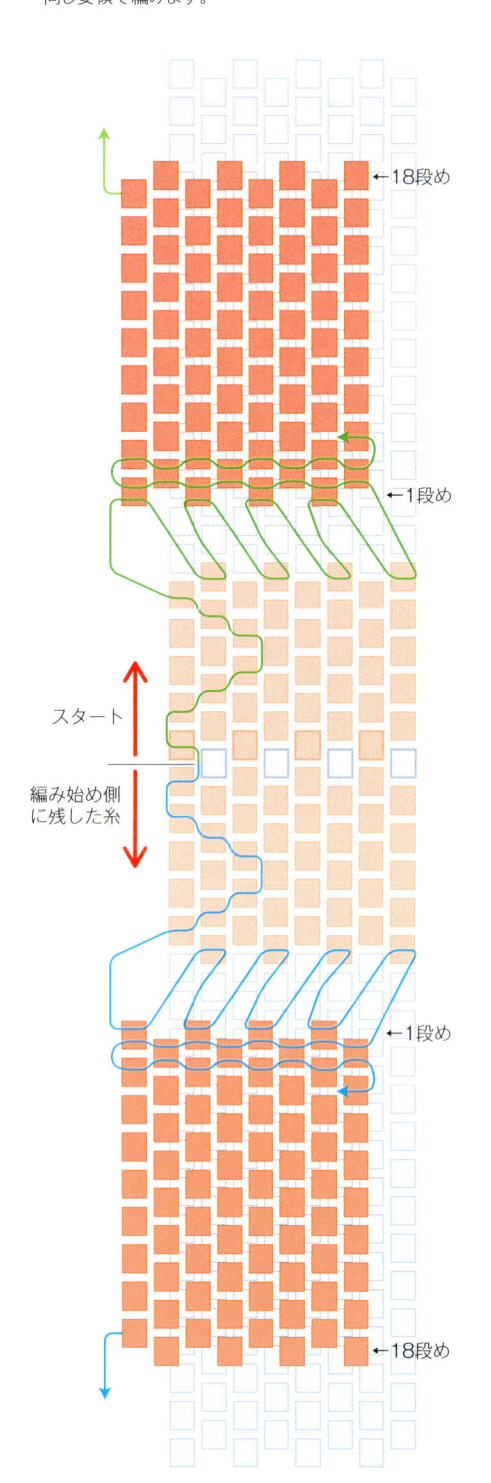

18段め

1段め

スタート

編み始め側
に残した糸

1段め

18段め

⑥ 上側を7段めとはぎ合わせ、筒の両端にラウンドカットをバランスよくつけ糸を始末します。反対側も同じ要領で8段めとはぎ合わせ、ラウンドカットをつけ、糸を始末します。

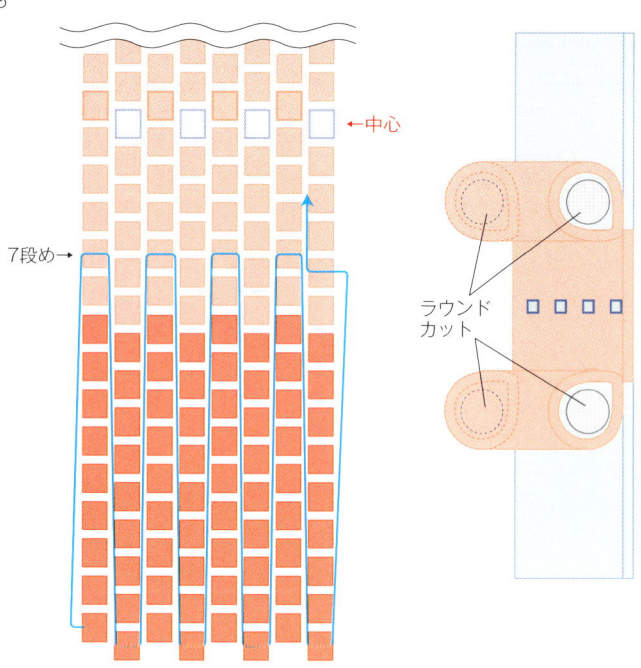

←中心

7段め→

ラウンド
カット

⑦ 下側も上段と同じ要領で16段めとはぎ合わせ、ラウンドカットをつけ、糸を始末します。反対側も同じ要領で17段めとはぎ合わせ、ラウンドカットをつけて、糸を始末します。

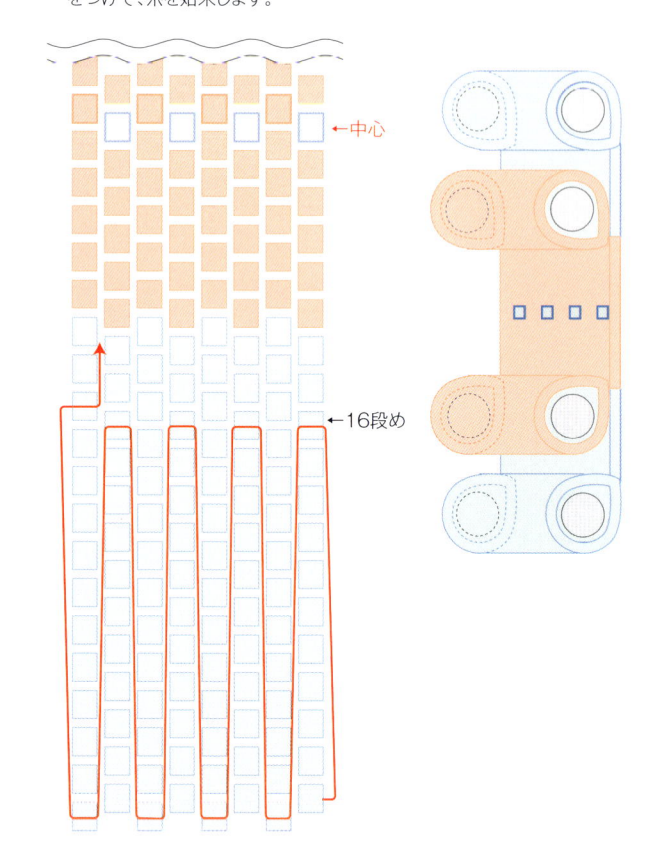

←中心

←16段め

⑧ 裏面にブローチピンをつけます。④の★の位置4か所でブローチピンを固定させます。

⑨ ジュエルパテを3分間混ぜ合わせ、リボンの中心におき、長方形を重ねて1日おき、固定すれば完成です。

[裏面]

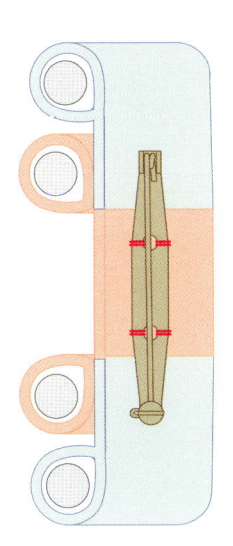

[表面]　　　　　　　　　　　※1日おいておく

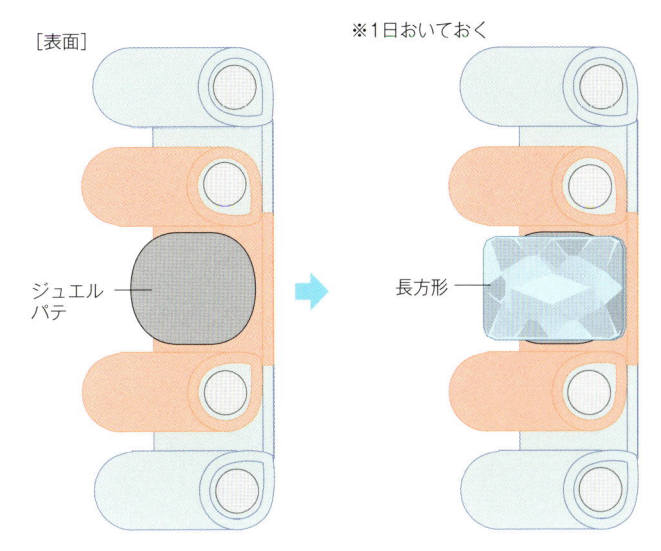

ジュエルパテ

長方形

※本書ではクリスタルビーズの接着にジュエルパテ（コメジュエ）を使用していますが、
　2液混合タイプの強力接着剤などで接着もできます。

Stitch design F

Gift of the Forest　森からの贈り物

仕上がりサイズ　ネックレス約88cm　ブレスレット約18～23cm

材料§ネックレス

丸小ビーズ（茶）……………………………………………… 800個
丸小ビーズ（白）……………………………………………… 700個
丸大ビーズ（白）……………………………………………… 60個
ウッドビーズ ボタン形 5mm（ナチュラル）………………… 55個
ウッドビーズ 丸玉 12mm（ナチュラル）…………………… 7個
ウッドビーズ 丸玉 14mm（ナチュラル）…………………… 1個
ウッドビーズ 丸玉 18mm（ナチュラル）…………………… 5個
ウッドビーズ 変形 25×20mm（ナチュラル）……………… 2個
ウッドビーズ 変形 35×25mm（ナチュラル）……………… 1個
ウッドビーズ すじ入り楕円形 27×20mm（ナチュラル）… 5個
天然石ムーンストーン さざれ ………………………………… 56個
ビーズステッチ糸

1 ビーズボール大（茶）を編みます。丸小（茶）200個と丸小（白）100個を混ぜて使います。糸を1.8mに切り、丸大（白）1個・丸小17個・丸大（白）1個・ウッドビーズ丸玉18mmを通し、糸端20cm残して固結びをします。1段めが編めました。

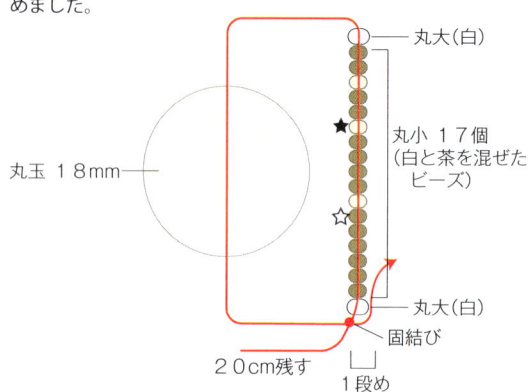

丸玉 18mm

丸大（白）

★

丸小 17個
（白と茶を混ぜた
ビーズ）

☆

丸大（白）

固結び

20cm残す　　1段め

2 2段めは、丸大と丸小3個拾って、丸小5個ずつ通して編み、丸小3個・丸大・ウッドビーズ丸玉18mmを拾います。3段めは丸大を拾って、丸小5個ずつ通して編み、丸大とウッドビーズ丸玉18mmを拾います。4段めは、2段めと同様に編みます。5段めは、3段めと同じ要領で編みますが、最初と最後に丸大を通します。

下の3へ

★

☆

2　3　4　5

2～5段めをくり返す
（1回め）

3 **2**を合計5回くり返し、最後は2段めと3段めをくり返し、1段めとはぎ合せます。全ての糸を始末します。ボール大（茶色）を合計3個作ります。

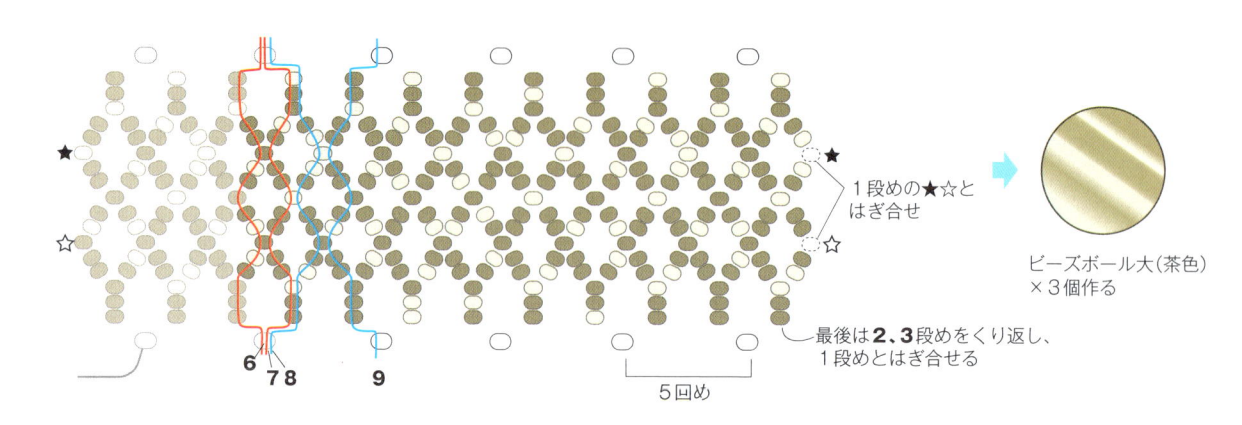

★

☆

6 7 8　　9

1段めの★☆と
はぎ合せ

ビーズボール大（茶色）
×3個作る

最後は**2、3**段めをくり返し、
1段めとはぎ合せる

5回め

4 ビーズボール大（白）を編みます。丸小（茶）１００個と丸小（白）２００個を混ぜて使います。ウッドビーズ丸玉１８mmに通して、ビーズボール大（茶）と同様に編み、合計２個作ります。

ビーズボール大（白）
×２個作る

5 組み立てます。糸を２mに切り、糸端２０cm残してビーズストッパーをつけます。全体図のようにビーズを通し、２周して全ての糸を始末すれば完成です。

〈全体図〉

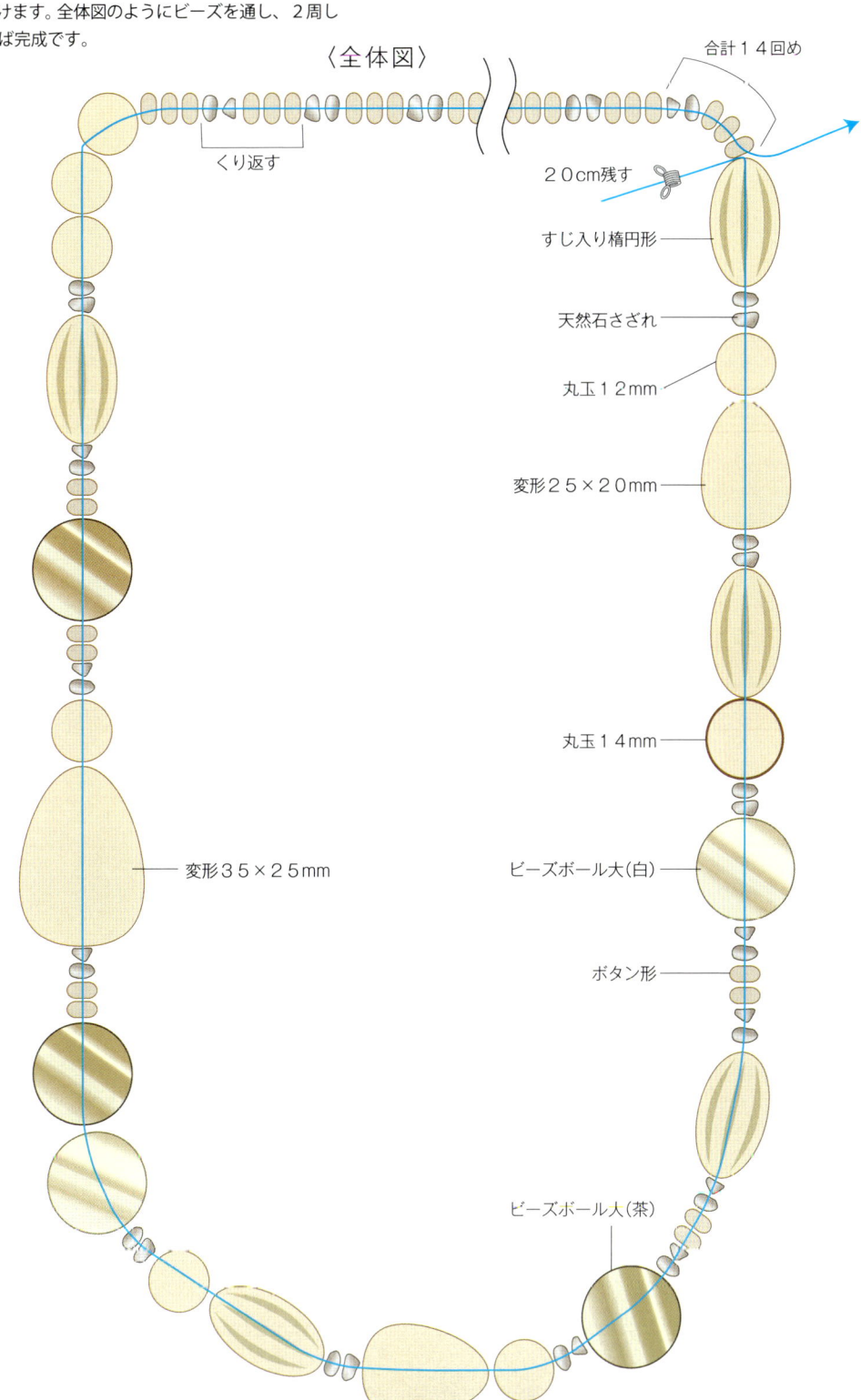

合計１４回め

くり返す

２０cm残す

すじ入り楕円形

天然石さざれ

丸玉１２mm

変形２５×２０mm

丸玉１４mm

ビーズボール大（白）

ボタン形

変形３５×２５mm

ビーズボール大（茶）

材料 § ブレスレット

丸小ビーズ（茶）……………………………………………… ２４６個
丸小ビーズ（白）……………………………………………… ２４６個
丸大ビーズ（白）……………………………………………… ２２個
ウッドビーズ ボタン形 ５mm（ナチュラル）………………… ２８個
ウッドビーズ 丸玉 ６mm（ナチュラル）…………………… １４個
ウッドビーズ 丸玉 １６mm（ナチュラル）………………… ２個
ウッドビーズ すじ入り楕円形 ２７×２０mm（ナチュラル）… ２個
天然石ムーンストーン さざれ ………………………………… 約４０個
アジャスター（シルバー）……………………………………… １本
カニカン（シルバー）…………………………………………… １個
ビーズステッチ糸

1 ビーズボール小（茶）を編みます。丸小（茶）１４０個と丸小（白）７０個を混ぜて使います。糸を１.３ｍに切り、丸大（白）１個・丸小１３個・丸大（白）１個・ウッドビーズ 丸玉 １６mmを通し、糸端２０cm残して固結びをします。１段めが編めました。

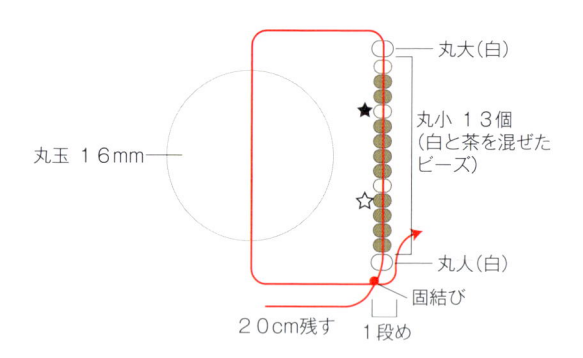

2 ２段めは、丸大と丸小を拾って、丸小５個ずつ通して編み、丸小・丸大・ウッドビーズ 丸玉 １６mmを拾います。３段めは丸大を拾って、丸小３個と５個を交互に通して編み、丸大とウッドビーズ 丸玉 １６mmを拾います。４段めは２段めと同様に編みます。５段めは３段めと同じ要領で編みますが、最初と最後に丸大を通します。

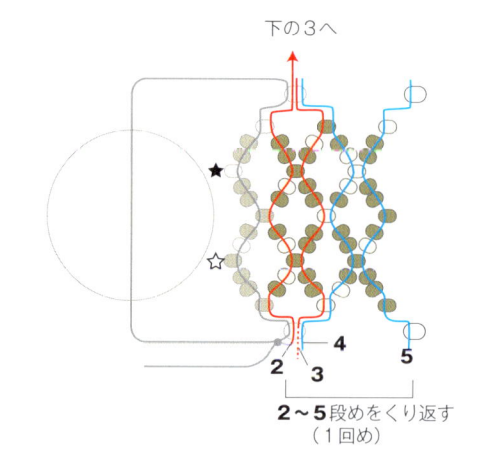

3 **2**を合計４回くり返し、最後は２段めと３段めをくり返し、１段めとはぎ合せます。全ての糸を始末します。

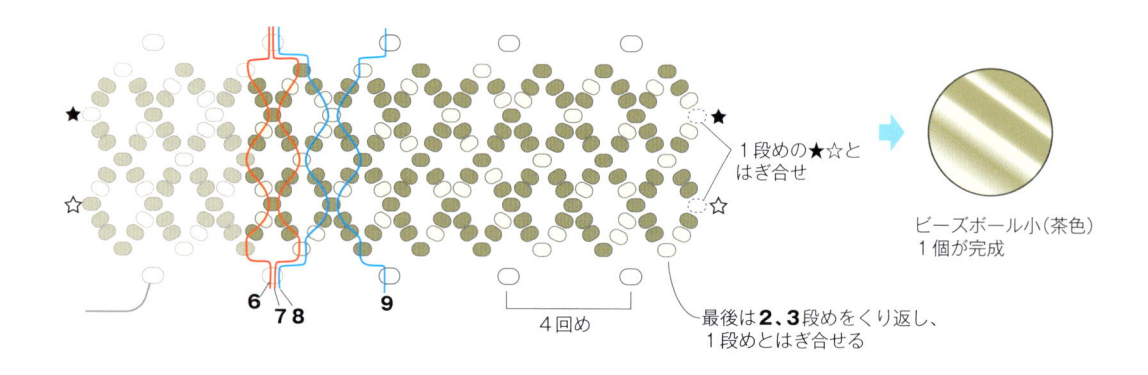

4 ビーズボール小（白）を編みます。丸小（茶）７０個と丸小（白）１４０個を混ぜて使います。丸玉１６ｍｍに通して、ビーズボール（茶）と同様に編みます。

ビーズボール小（白）を１個作る

5 組み立てます。糸を９０ｃｍに切り、糸端３０ｃｍ残してビーズストッパーをつけます。全体図のようにビーズを通し、最後はカニカンをつけて、糸を始末します。２本めと３本めも新たに糸を切り、同様にして図のようにビーズを通し、最後は１本めのカニカン部分を拾って糸を始末します。３本を三つ編みします。

〈全体図〉

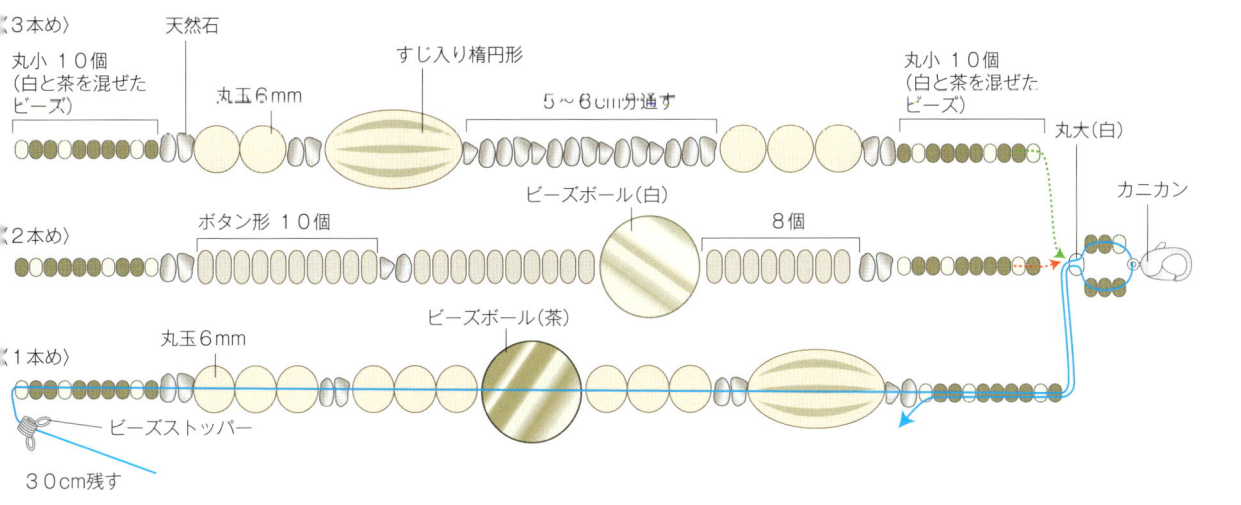

〈３本め〉
丸小 １０個（白と茶を混ぜたビーズ）　天然石　丸玉６ｍｍ　すじ入り楕円形　　５〜６ｃｍ分通す　丸小 １０個（白と茶を混ぜたビーズ）　丸大（白）　カニカン

ビーズボール（白）

〈２本め〉
ボタン形 １０個　　　　８個

〈１本め〉
丸玉６ｍｍ　ビーズボール（茶）

ビーズストッパー
３０ｃｍ残す

6 １本めの編み始めに残した糸でアジャスターをつけ、糸を始末します。２本めと３本めも、図のように１本めのアジャスター部分を拾って糸を始末すれば完成です。

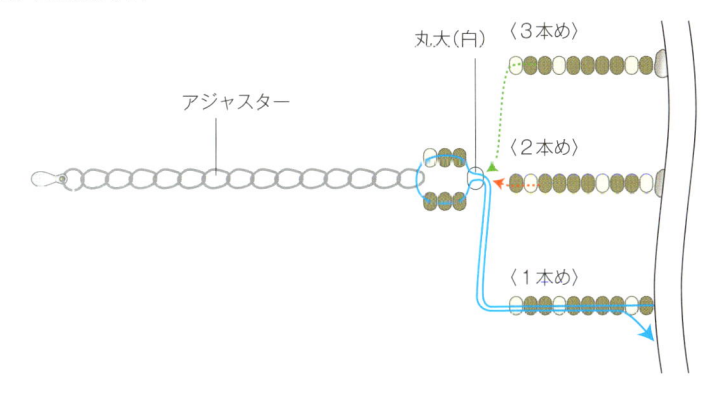

丸大（白）　〈３本め〉
アジャスター
〈２本め〉
〈１本め〉

材料 § ネックレス

丸小ビーズ（ベージュ）‥‥‥‥‥‥‥‥‥　100個
丸小ビーズ（緑）‥‥‥‥‥‥‥‥‥‥‥‥　200個
丸大ビーズ（ベージュ）‥‥‥‥‥‥‥‥‥　13個
クリスタルビーズ ソロバンカット 6mm（クリア）
‥‥‥‥‥‥‥‥‥‥‥‥‥‥‥‥‥‥‥‥‥　1個
ウッドビーズ 丸玉 18mm ‥‥‥‥‥‥‥‥　1個
メタルパーツ 葉形（ゴールド）‥‥‥‥‥‥　4個
座金 8mm（金古美）‥‥‥‥‥‥‥‥‥‥‥　1個
Tピン 0.7×40mm（金古美）‥‥‥‥‥‥　1本
丸カン 0.8×4mm（（金古美）‥‥‥‥‥‥　4個
アジャスターつきネックレスチェーン（金古美）
‥‥‥‥‥‥‥‥‥‥‥‥‥‥‥‥‥‥‥‥‥　1本
ビーズステッチ糸

ポイント

Stitch design F と同様にビーズボール大を作ります。Tピンに座金、丸大、ビーズボール、クリスタルの順に通し、先端を丸めて、ネックレスチェーンの中央の目に直接つなぎます。チェーンに丸カンでメタルパーツを4個つなぎます。

※ビーズボールの作り方はStitch design Fと同じ。

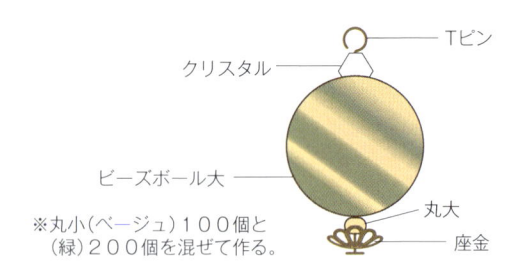

※丸小（ベージュ）100個と
（緑）200個を混ぜて作る。

Stitch design F-2　P.28　仕上がりサイズ　リング13号

材料 § リング

丸小ビーズ（ベージュ）………………… ７０個
丸小ビーズ（緑）………………………… １４０個
丸大ビーズ（ベージュ）………………… １０個
クリスタルビーズ ソロバンカット ６mm（クリア）
………………………………………………… ２個
ウッドビーズ 丸玉 １６mm ……………… １個
Ｔピン ０.７×４０mm（金古美）………… １本
リング台 カンつき １３号（金古美）……… １個
ビーズステッチ糸

ポイント

Stitch design F（ブレスレット）と同様にビーズボール小を作ります。両端にクリスタルを入れて Ｔピンに通し、先端を丸めて、リング台のカンにつなぎます。

※ビーズボールの作り方はStitch design F と同じ。

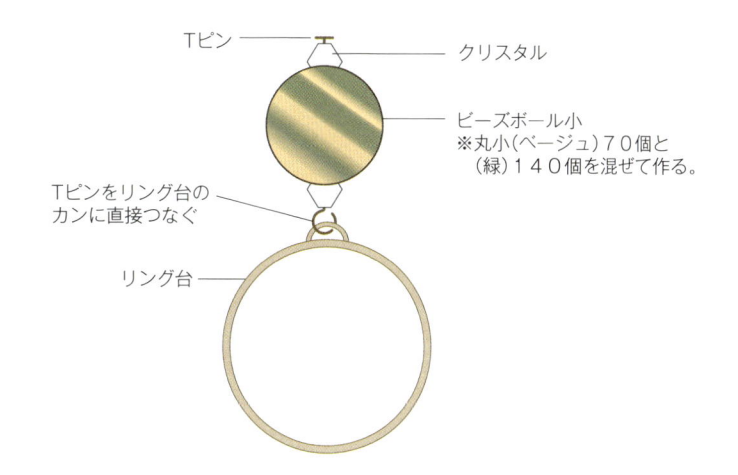

Ｔピン　　　　　　　　　クリスタル
ビーズボール小
※丸小（ベージュ）７０個と（緑）１４０個を混ぜて作る。
Ｔピンをリング台のカンに直接つなぐ
リング台

Stitch design F-3　P.28　仕上がりサイズ　約7.5cm

材料 § ピアス

丸小ビーズ（ベージュ）………………… ２８０個
丸小ビーズ（緑）………………………… １４０個
丸大ビーズ（ベージュ）………………… ２０個
クリスタルビーズ ソロバンカット ６mm（クリア）
………………………………………………… ４個
ウッドビーズ 丸玉 １６mm ……………… ２個
Ｔピン ０.７×４０mm（金古美）………… ２本
丸カン ０.８×４mm（金古美）…………… ２個
チェーン（金古美）………………… ４cm×２本
ピアス金具（金古美）………………… １ペア
ビーズステッチ糸

ポイント

Stitch design F（ブレスレット）と同様にビーズボール小を作ります。両端にクリスタルを入れて Ｔピンに通し、先端を丸めて、チェーンにつなぎ、チェーンを丸カンでピアス金具につなぎます。

※ビーズボールの作り方はStitch design F と同じ。

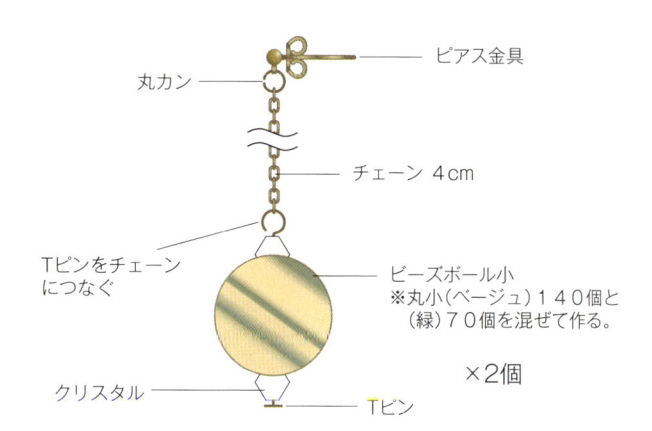

ピアス金具
丸カン
チェーン ４cm
Ｔピンをチェーンにつなぐ
ビーズボール小
※丸小（ベージュ）１４０個と（緑）７０個を混ぜて作る。
×2個
クリスタル
Ｔピン

P.29

Step-up arrangement of F

ネックレス

仕上がりサイズ　約68～73cm

材料 § ネックレス

スリーカットビーズ（茶）‥‥‥‥‥‥‥‥‥‥‥‥ 164個
竹ビーズツイスト 2×12mm（紫）‥‥‥‥‥‥‥ 72個
クリスタルビーズ ソロバンカット3mm（グレー）‥‥‥‥ 78個
クリスタルビーズ ソロバンカット6mm（グレー）‥‥‥‥ 6個
天然石ローズクォーツ 丸玉10mm ‥‥‥‥‥‥‥ 4個
アクリルビーズ 楕円24×18mm（クリア）‥‥‥‥‥ 3個
デザインチェーン（金古美）‥‥‥‥‥‥‥‥‥ 約45cm
アジャスター（金古美）‥‥‥‥‥‥‥‥‥‥‥‥ 1個
カニカン（金古美）‥‥‥‥‥‥‥‥‥‥‥‥‥‥ 1個
丸カン 0.8×4mm（金古美）‥‥‥‥‥‥‥‥‥ 2個
9ピン 0.6×30mm（金古美）‥‥‥‥‥‥‥‥ 10本
9ピン 0.6×40mm（金古美）‥‥‥‥‥‥‥‥ 3本
ビーズステッチ糸

＊アクリルビーズ楕円は1、2mm程度のサイズ違いであれば使用可能です。

1 ビーズボールを編みます。糸を1.6mに切り、図のようにビーズを通して、糸端20cm残して固結びし、スリーカットを拾います。1段めが編めました。

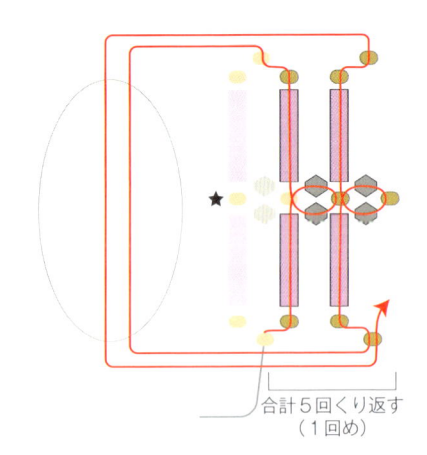

2 2段めと3段めは図のように編みます。同様に2段めと3段めをくり返します。

3 ②を合計5回くり返します。最後は1段めのスリーカットを拾って編み、はぎ合せて、全ての糸を始末します。同じものを合計3個作ります。

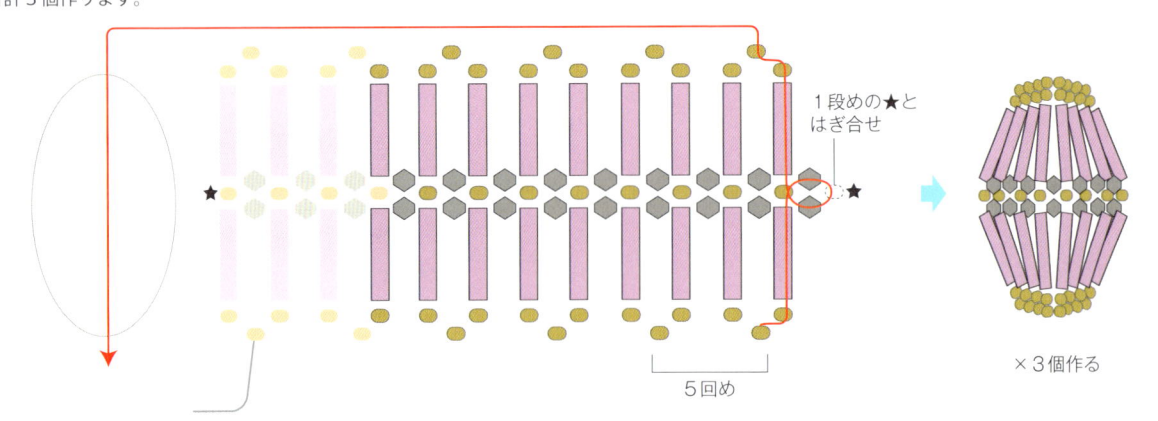

4 ピンパーツを指定の数作ります。9ピンに図のようにそれぞ
れスリーカットと天然石、クリスタル6 mm、編んだビーズ
ボールを通して、丸ペンチでピンの先を丸めます。

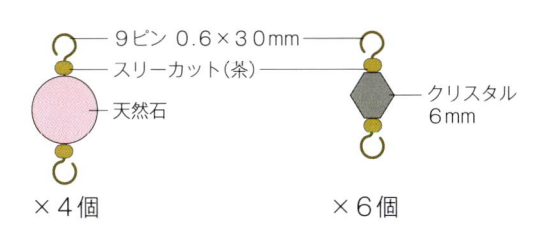

— 9ピン 0.6×30mm —
— スリーカット(茶)
— 天然石

×4個

クリスタル
6mm

×6個

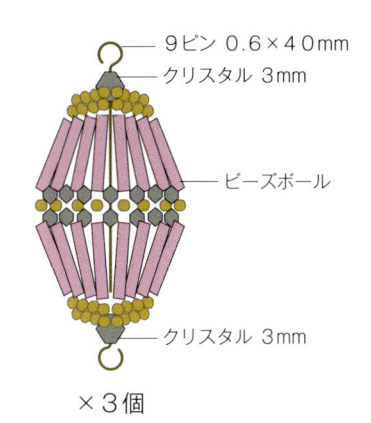

— 9ピン 0.6×40mm
— クリスタル 3mm

— ビーズボール

— クリスタル 3mm

×3個

5 組み立てます。チェーンを6cmと15cmの長さに2本ずつ
切り、作った9ピンパーツで全体を接続します。両端のチェー
ンにカニカンとアジャスターを丸カンで接続すれば完成です。

チェーン15cm　丸カン

カニカン

丸カン　チェーン15cm

アジャスター

〈全体図〉

チェーン6cm

チェーン6cm

Lady Like Multi Way　レディライク マルチウェイ

仕上がりサイズ　約92cm（クリップ含む）

材料 ✿ ネックレス

丸小ビーズ（シルバー）·······························144個
丸小ビーズ（白）···································226個
クリスタルビーズ ソロバンカット 3mm（薄グレー）··········18個
クリスタルビーズ ソロバンカット 4mm（薄グレー）··········56個
ガラスパール バロック形 4mm（ホワイト）···············72個
ガラスパール バロック形 6mm（ホワイト）···············54個
ガラスビーズ バラ形8×7mm（クリア）················7個
メタルパーツ デイジー形 4mm（シルバー）···············6個
アクリルビーズ カット丸玉 10mm（クリア）··············3個
クリップ（シルバー）·································2個
ビーズステッチ糸

✿ ネックレス

① ビーズボールを作ります。糸を80cmに切り、糸端20cm残して丸小（シルバー）・丸小（白）・ソロバンカット3mm・アクリルを図のように通して固結びします。

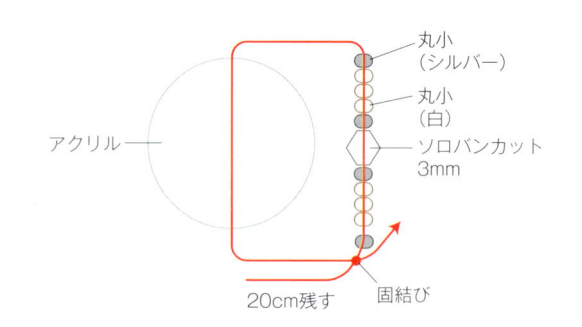

丸小（シルバー）
丸小（白）
ソロバンカット3mm
アクリル
20cm残す
固結び

② 丸小（シルバー）1個を拾って丸小（白）3個と丸小（シルバー）1個を通し、ソロバンカット3mmを拾い、丸小（シルバー）1個と丸小（白）3個を通して丸小（シルバー）とアクリルを拾います。1模様が編めました。

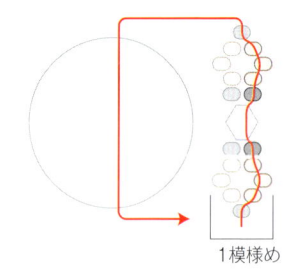

1模様め

③ 丸小（シルバー）と丸小（白）を通して丸小（白）を拾い、丸小（白）・丸小（シルバー）・ソロバンカット3mm・丸小（シルバー）・丸小（白）を通して丸小（白）を拾います。丸小（白）・丸小（シルバー）を通してアクリルを拾います。

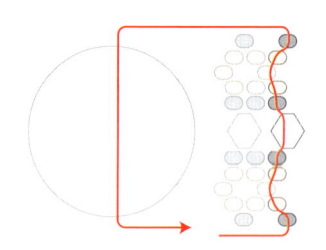

④ ②と③を繰り返して編みますが、6模様めは①で通した丸小（白）と共有して編み、全ての糸を始末します。

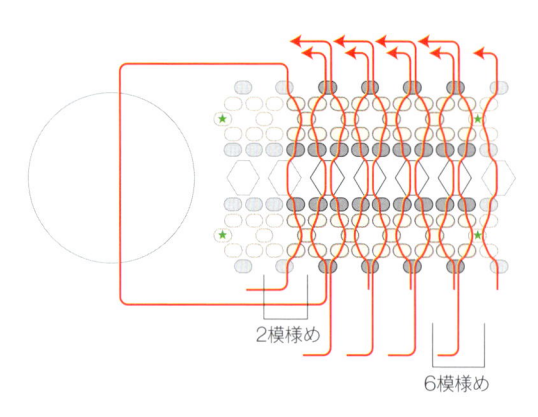

2模様め
6模様め

⑤ 同じものを合計3個作ります。

×3個

※★印は同じビーズです。

6 ネックレスに仕立てます。糸を2.8mに切り、糸端1.1m残してビーズストッパーをつけます。丸小(シルバー)1個・バロック形4mm2個・バロック形6mm3個・バロック形4mm2個・丸小(シルバー)1個・バラ形1個・丸小(シルバー)1個・バロック形4mm2個・バロック形6mm3個・バロック形4mm2個・丸小(シルバー)1個・丸小(白)4個を通します。この丸小(白)4個を芯として、ソロバンカット4mmを2個通して糸端から丸小(白)4個を拾い、これを合計4回繰り返して丸小(シルバー)1個を通します。これを1模様として合計3回繰り返します。全体図を参考にしながら図のように組み立て、最後は丸小(白)とクリップを通して補強のため2周して丸小(シルバー)を拾って糸を休めます。編み始め側に残した糸で同様に丸小(白)とクリップを通して、補強のため2周して全てのビーズを拾い、編み終わり側の休めた糸と固結びして糸を始末すれば完成です。

※ビーズボール部分は芯のビーズのみ拾います。

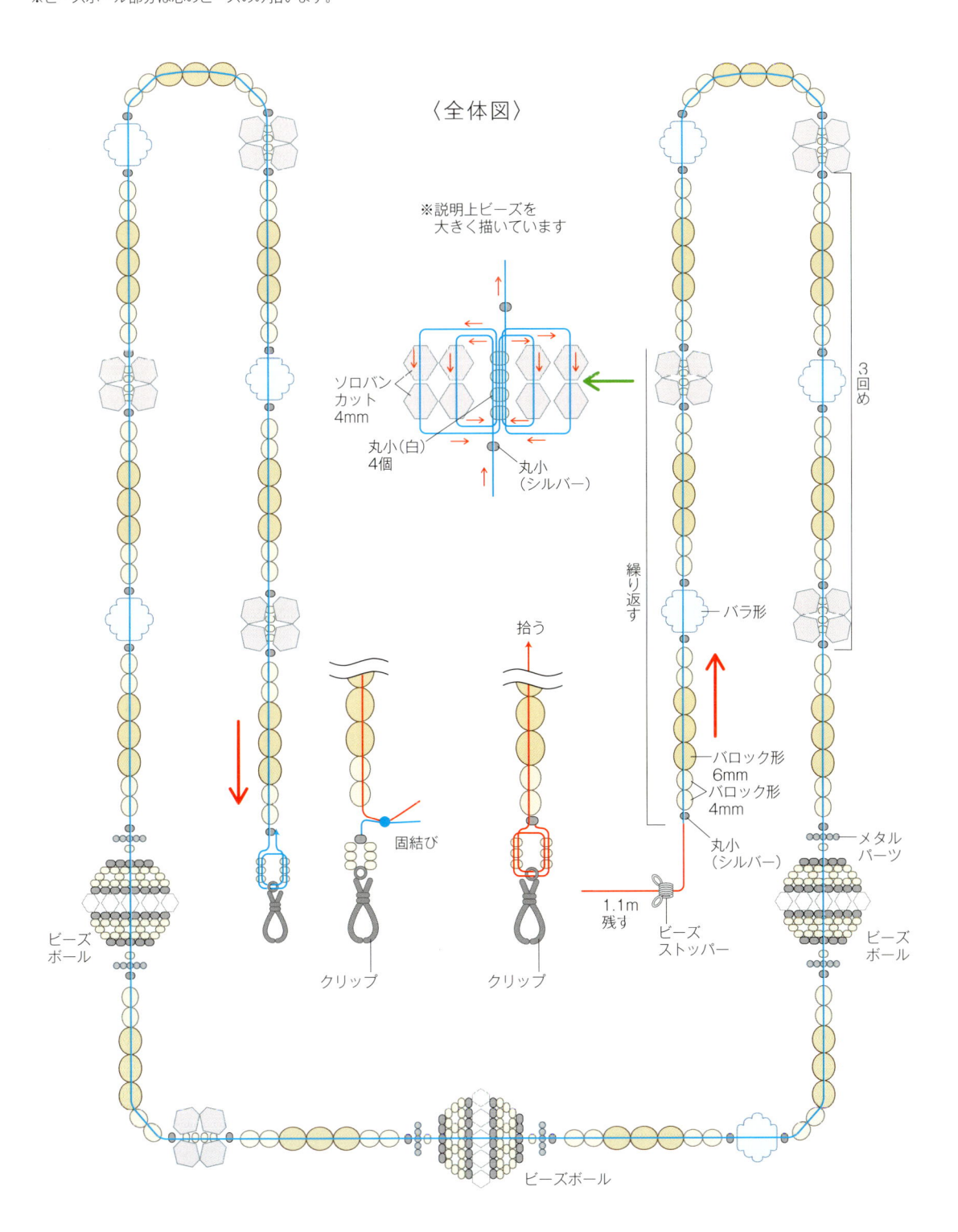

〈全体図〉

P.32

Stitch design G

Pearl Flower　パールフラワー

仕上がりサイズ　ネックレスフリーサイズ　リング13号

材料§ネックレス

丸小ビーズ（薄ピンク／白ライン）················· ９４個
丸大ビーズ（薄ピンク）································ ７７個
淡水パール２mm～2.5mm（白）················· ２７個
淡水パール３mm（白）······························ １０７個
淡水パール５mm（白）······························ １個
淡水パール６mm～7mm（白）····················· １個
メタルビーズ 四角形4.5×4mm（ゴールド）·········· ８個
メタルビーズ 葉形23×21mm（ゴールド）··········· １個
シルクコード（ベージュ）···························· １m
ビーズステッチ糸

＜ネックレス＞

1 花小のベースを編みます。糸を1.3mに切り、丸大５個通し、糸端４０cm残して固結びし、最初に通した丸大を拾います。１段めが編めました。

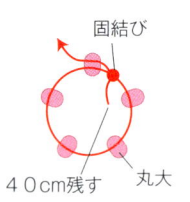

固結び

４０cm残す　　丸大

2 ２段めは丸大を１個ずつ、３段めは丸大を２個ずつ、４段めは丸大を２個と１個を交互に通して編み、図のように丸大を拾います。ベースが編めました。

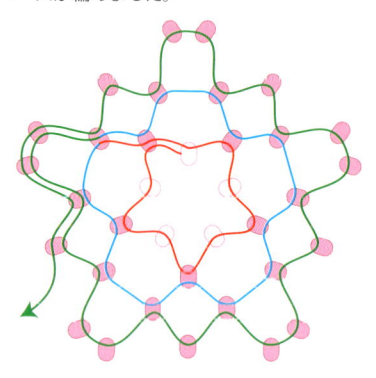

3 ベース４段めの外側の丸大を拾って、外側の花びらを丸小と淡水パール３mmで図のように編みます。２段めの丸大までビーズを拾います。

丸小

淡水パール３mm

4 ベース２段めの丸大を拾って内側の花びらを丸小と淡水パール３mmで編み、図のように中央に花心を淡水パール５mmで編みます。花心の周りを淡水パール２～2.5mmで編み、糸を始末します。

5 編み地を裏返し、編み始めに残した糸でコードを通すループを丸小で編み、糸を始末します。花小が編めました。

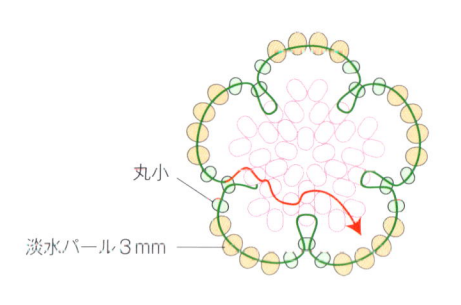

淡水パール５mm

淡水パール２～2.5mm

＜裏側＞

１段めの丸大
（※実際の位置よりかなり外側の位置、
　全体も拡大して表示しています）

※ビーズは一部省略しています。

6 花大を編みます。糸を1.4ｍに切り、丸小と丸大を交互に6個ずつ通し、糸端40ｃｍ残して固結びし、最初に通した丸大を拾います。1段めが編めました。花小と同じ要領で4段めまでベースを編みます。

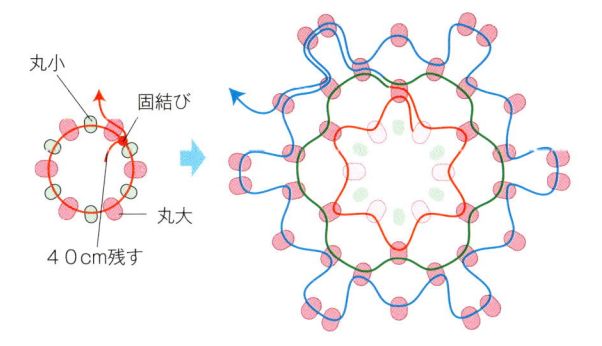

丸小
固結び
丸大
40ｃｍ残す

7 外側の花びらを丸小と淡水パール3ｍｍで編みます。

淡水パール3ｍｍ

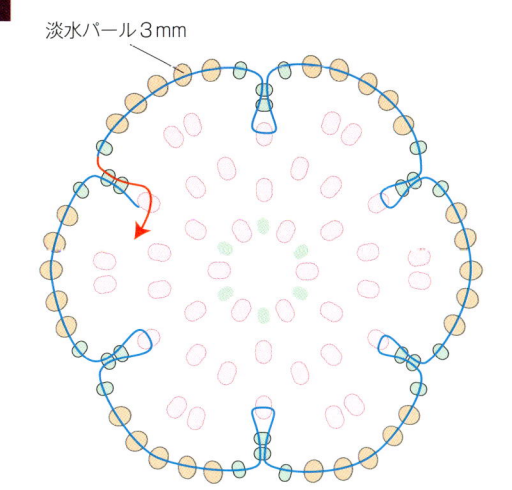

8 同じ要領で丸小と淡水パール3ｍｍの個数を替えて、中側の花びらを編み、2段めの丸大まで拾います。

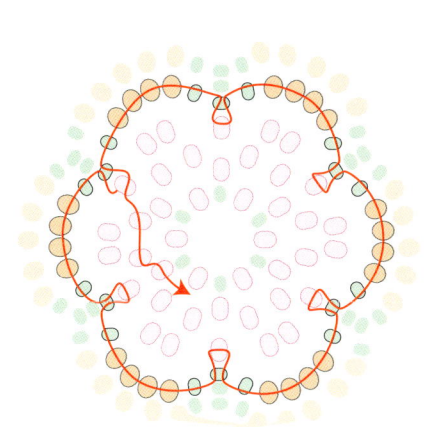

9 内側の花びらを丸小と淡水パール3ｍｍで編み、中央に花心を淡水パール6〜7ｍｍで編みます。

淡水パール6〜7ｍｍ

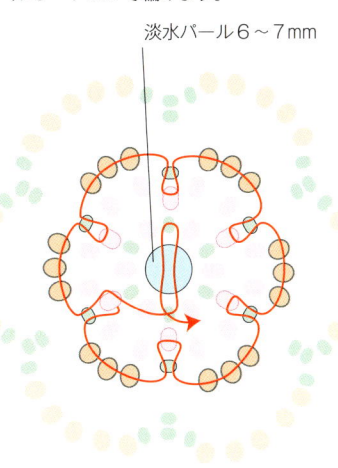

※ビーズは一部省略しています。

10 花心の周りを淡水パール2〜2.5ｍｍで編み、糸を始末をします。

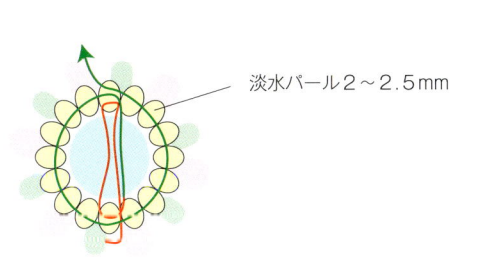

淡水パール2〜2.5ｍｍ

※中心のみ拡大

11 編み地を裏返し、編み始めに残した糸でコードを通すループを丸小で編み、糸を始末をします。花大が編めました。

＜裏側＞

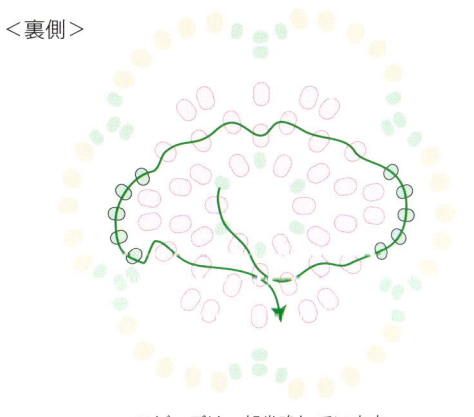

※ビーズは一部省略しています。

12 組み立てます。シルクコードの中央にメタル 四角形を１個通し、シルクコードを半分に折ります。メタル 四角形３個、花小と花大の後ろのループに通し、メタル 四角形４個通します。最後にメタ ル 葉形を通してこぶ結びします。メタル 四角形をバランスよく配置すれば完成です。

〈全体図裏側〉

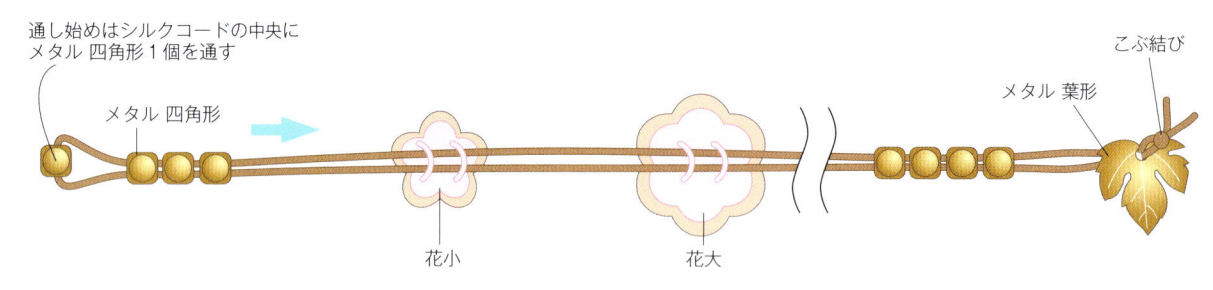

通し始めはシルクコードの中央に
メタル 四角形１個を通す

メタル 四角形

花小

花大

こぶ結び

メタル 葉形

材料 § リング

丸小ビーズ（薄ピンク／白ライン）…………………………… ３０個
丸大ビーズ（薄ピンク）………………………………………… ３５個
淡水パール２mm～２.５mm（白）…………………………… １１個
淡水パール３mm（白）………………………………………… ３５個
淡水パール５mm（白）………………………………………… １個
リング台１３号（シルバー）…………………………………… １個
ビーズステッチ糸

＜リング＞

1 ネックレスと同様に花小を編み、編み終わりの糸を始末したら、編み始めに残した糸でリング台に留めつけます。

＜花小＞

×1個

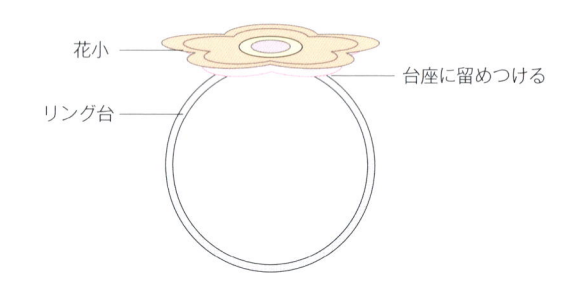

花小

リング台

台座に留めつける

材料 § ヘアピン

丸小ビーズ（A色）　……………………　６６個
丸大ビーズ（B色）　……………………　４２個
クリスタルビーズ ソロバンカット ３mm（A色）
　……………………………………　２４個
クリスタルビーズ ソロバンカット ３mm（B色）
　……………………………………　２４個
クリスタルビーズ ソロバンカット ３mm（C色）
　……………………………………　１８個
キュービックジルコニア ５mm（透明）　……　１個
ヘアピン金具（金古美）　………………　１個
ビーズステッチ糸

ポイント

Stitch design G の花大のパールをビーズに替えて作ります。外側の花びらはクリスタル A 色４個ずつ、中側の花びらはクリスタル B 色４個ずつ、内側の花びらはクリスタル C 色３個ずつで編み、花芯はキュービックジルコニアの周りに丸小で囲んで編みます。編み終わりの糸を始末したら、編み始めに残した糸で、ヘアピン金具に留めつけます。

※作り方はStitch design Gの花大と同じ。

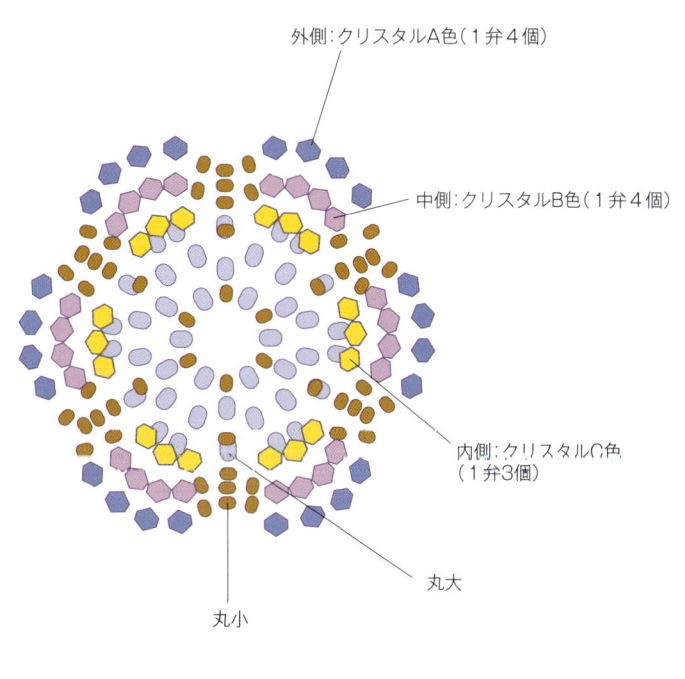

外側：クリスタルA色（1弁4個）

中側：クリスタルB色（1弁4個）

内側：クリスタルC色（1弁3個）

丸大

丸小

〈花芯〉

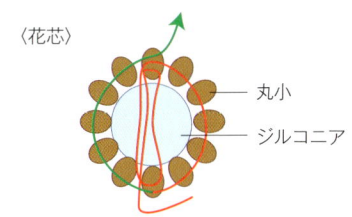

丸小

ジルコニア

Step-up arrangement of G

ネックレス

仕上がりサイズ　約45cm

材料 § ネックレス

スリーカットビーズ（ブロンズ）…………………………	87個
丸大ビーズ（ブロンズ）…………………………………	18個
人造石ゴールドサンドストーン 丸玉 3mm………………	121個
天然石ルチルクォーツ ラウンドカット 6mm（ミックス）……	4個
天然石ルチルクォーツ しずく形（ミックス）………………	12個
キュービックジルコニア 5mm（クリスタル／ゴールド）……	1個
ボタン 15mm（ゴールド）………………………………	1個
ビーズステッチ糸	

1 花を編みます。糸を1mに切り、丸大6個を通して糸端20cm 残して固結びして、最初に通した丸大を拾います。1段めが編めました。2段めは丸大を1個ずつ通しながら、丸大を拾って1周します。最後は立ち上がりの1個を拾います。

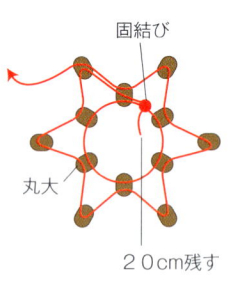

固結び
丸大
20cm残す

3 1段めまでスリーカットと丸大を拾います。

2 3段めはスリーカット・しずく形・スリーカットを通し、2段めの丸大を拾いながら1周します。最後はスリーカットとしずく形を拾います。4段めはスリーカット・丸大・スリーカットを通し、しずく形を拾って1周します。

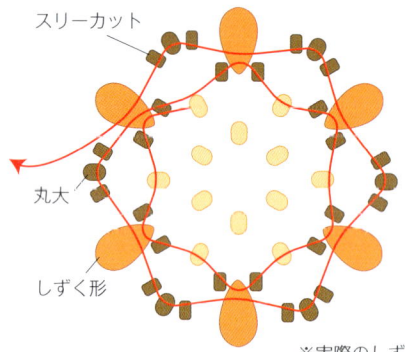

スリーカット
丸大
しずく形

※実際のしずく形はミックスカラー（多色）ですが、イラストでは1色で描いています。

4 内側の花びらをしずく形で編みます。1段めの丸大を拾いながらしずく形を通します。1周したらしずく形を拾いながら、スリーカットを通します。

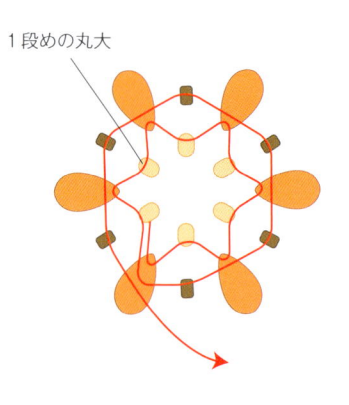

1段めの丸大

5 丸大を拾って、ジルコニアを通して編みます。補強のためもう1周して、全ての糸を始末します。

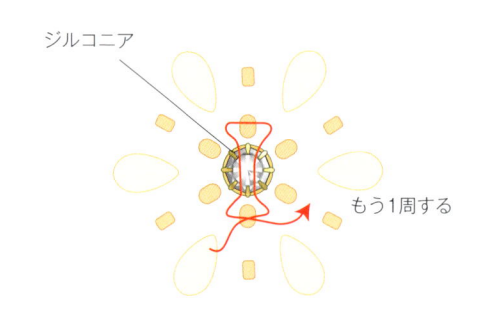

ジルコニア

もう1周する

組み立てます。糸を１.５ｍに切り、糸端８０cm残して丸玉３mm・スリーカット・丸玉３mm・スリーカットを通し、花４段めに通した丸大を拾って、スリーカット・丸玉３mm・スリーカットを通して、最初に通した丸玉３mmを拾います。続けて、全体図の右側を参考に通し、ボタンをつけて中央までビーズを拾い、糸を休めます。左側も右側と左右対称になるようにビーズを通し、最後はループをスリーカット２５個で作り、補強のためもう１周して中央までビーズを拾います。右側の休めた糸と固結びして、糸を始末すれば完成です。

もう１周して
中央まで拾う

スリーカット２５個

ボタン

もう１周して
中央まで拾う

5回め

〈全体図〉

１模様
5回くり返す

ラウンドカット　6mm

丸玉　3mm

中心

左側　　右側

スリーカット

８０cm残す

花モチーフの裏側にある
4段めで通した丸大を拾う

P.35

Step-up arrangement of G

Drôle de Rose　お茶目なバラ

仕上がりサイズ　ショートタイプトップ約3×2.7cm　ロングタイプ約95cm

材 料 ❀ ショートタイプ

丸小ビーズ(銀ライン/ゴールド) ……………………54個
丸大ビーズ(銀ライン/ゴールド) ……………………15個
天然石オニキス 丸玉 4mm……………………………7個
天然石オニキス カット丸玉 6mm……………………3個
カンつきクリスタル 片穴 (クリスタル / ゴールド)………2個
Tピン 0.7×20mm(ゴールド) ………………………4本
丸カン 0.7×5mm(ゴールド) ………………………2個
ネックレスチェーン 留め具つき ………………………40cm
ビーズステッチ糸

❀ ショートタイプ

① 40cmのチェーンを中央で切ります。

② 花モチーフを作ります。糸を80cmに切り、丸大5個通し、糸端20cm残して固結びをします。最初に通した丸大1個を拾います。

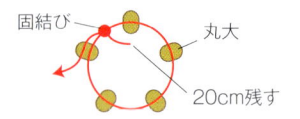

③ 丸大と丸玉を通しながら図のように5目編みます。

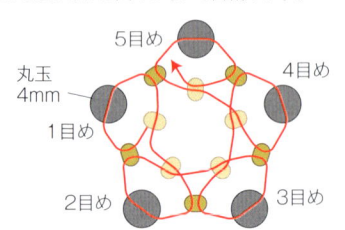

④ 続けて丸小を通しながら編みます。5目めは丸小2個・チェーン・丸小2個・チェーン・丸小2個を通して編みます。

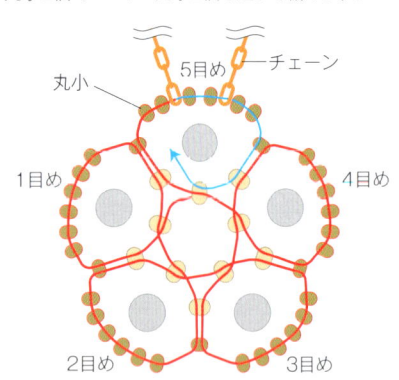

⑤ 内側に丸大と丸小を通しながら丸小の花弁を作ります。

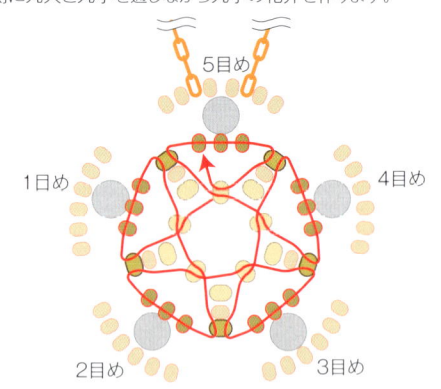

⑥ 花芯にカット丸玉6mmを通して糸を始末します。

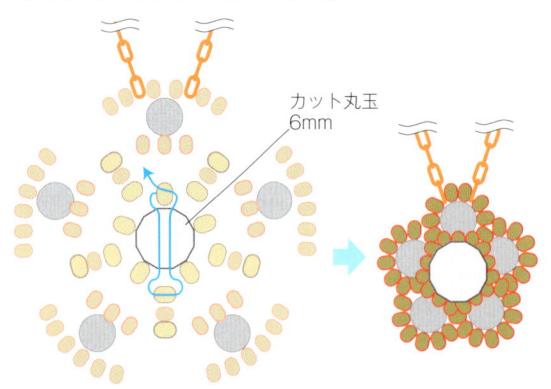

⑦ Tピンに丸玉4mmと丸小・カット丸玉6mmと丸小を通し、各2個ずつTピンを丸めます。チェーンの中心から5cmの所にTピンを丸めたものとクリスタルを丸カンで接続して完成です。

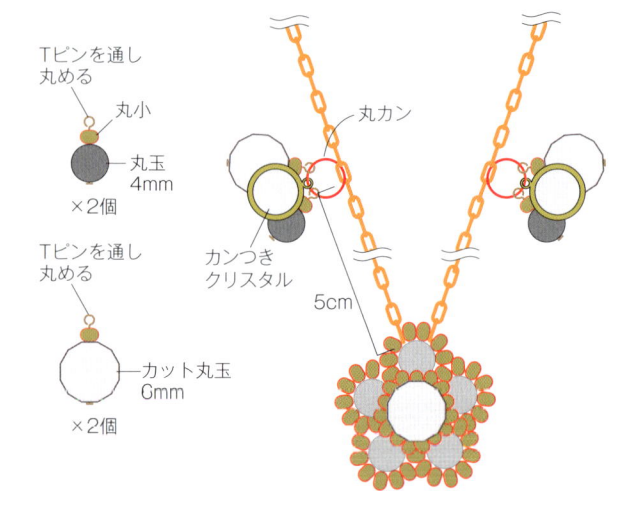

106

材料 ✲ ロングタイプ

丸小ビーズ(銀ライン/ゴールド) ……………………300個
丸大ビーズ(銀ライン/ゴールド) ……………………90個
天然石サンゴ 丸玉 4mm…………………………30個
天然石サンゴ カット丸玉 6mm……………………5個
カンつきクリスタル 片穴(クリスタル / ゴールド)………6個
メタルパーツ 菊座 9mm(ゴールド) ………………5個
丸カン 0.7×4mm(ゴールド) ………………………14個
カニカン(ゴールド) …………………………………1個
アジャスター(ゴールド) ……………………………1個
チェーン(ゴールド) ………………………………約82cm
ビーズステッチ糸

② 花モチーフを作ります。糸を1mに切り、丸大6個通し、糸端
　20cm残して固結びし、最初に通した丸大1個を拾います。

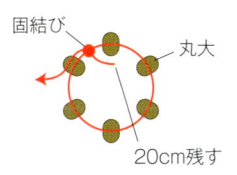

④ 丸小を通しながら花弁を作ります。それぞれチェーン5cmを通
　して編みます。

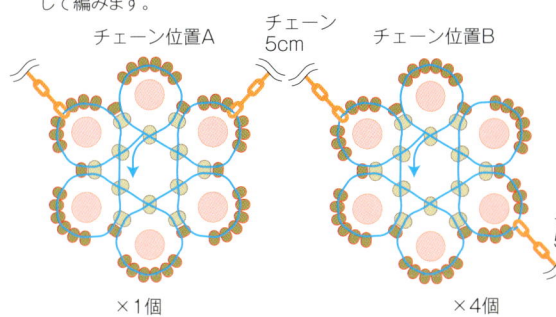

⑤ 内側に丸大と丸小を通しながら丸小の花弁を作ります。
　※チェーン 省略　チェーン位置A・B共通

⑥ 菊座とカット丸玉6mmを通して図のように編み、全ての糸を
　始末します。　※チェーン 省略　チェーン位置A・B共通

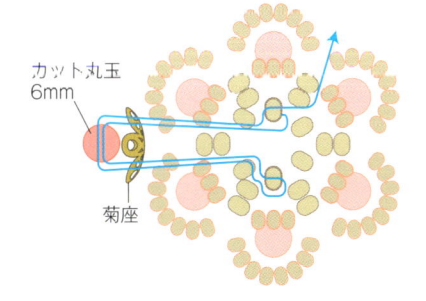

✲ ロングタイプ

① チェーン15cm×2本、5cm×10本に切り分けます。15cm2本の一方の
　端にそれぞれ丸カンでアジャスターとカニカンを接続します。

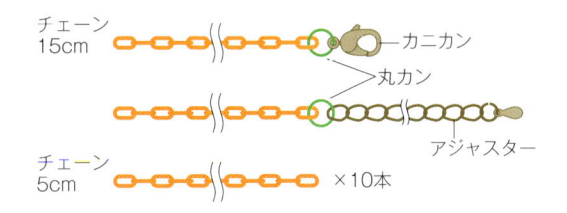

③ 丸大と丸玉を通しながら
　編みます。

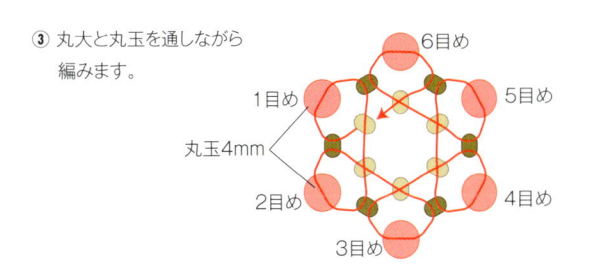

⑦ 全体図を参考に、花パーツのチェーンに、丸カン でカンつきクリスタルを
　つなげば完成です。

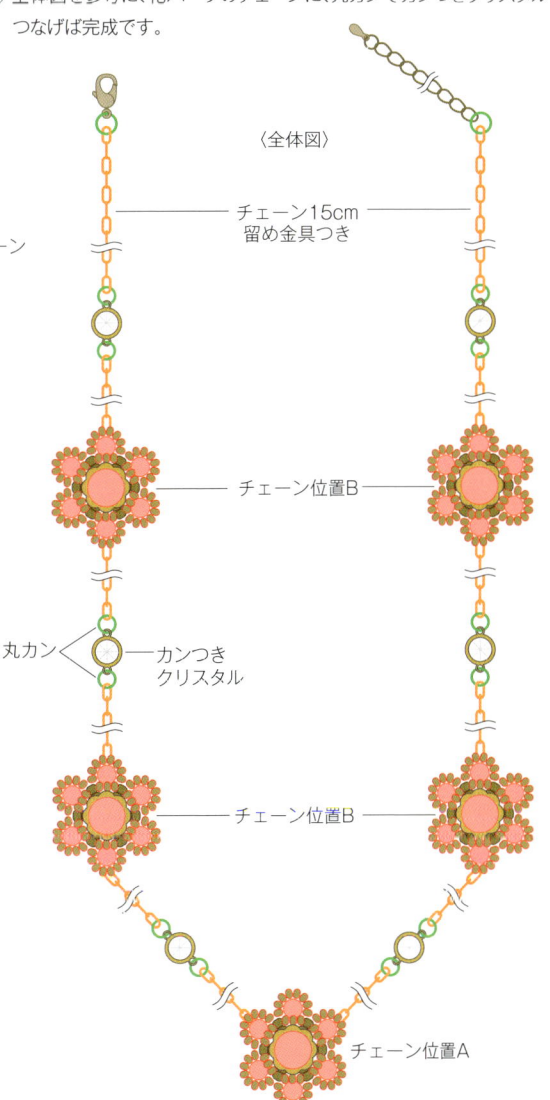

Stitch design H

Clair de Lune　月光

仕上がりサイズ　フリーサイズ（モチーフサイズ 約5cm）

材料 § ネックレス

特小ビーズ（シルバー） ………………………………… 16個
丸小ビーズ（シルバー） ………………………………… 40個
竹ビーズ 2分竹（メタルシルバー） ……………………… 24個
ガラスパール 3mm（グレー） ………………………… 16個
ガラスパール 4mm（グレー） ………………………… 12個
クリスタルビーズ 穴なし 6mm（グレー） ……………… 1個
平紐 4mm（黒） …………………………………………… 1m
ビーズステッチ糸

1 糸を1.3mに切り、糸端20cm残してビーズストッパーをつけます。丸小4個を通して最初に通した丸小を拾ってパール4mmを通します。

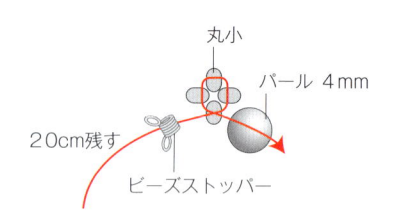

2 **1**を合計4回くり返して、最後は輪にして固結びし、丸小を拾います。

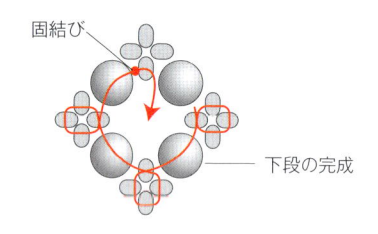

3 丸小を2個拾って、パール4mmを通しながら丸小を拾います（糸はまだ緩めておく）。

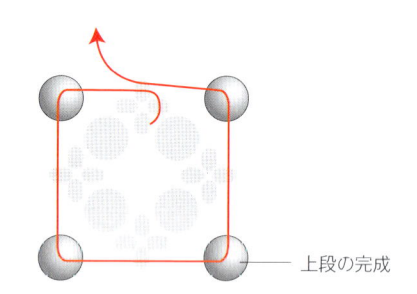

4 中心にクリスタルを表向きに入れ、もう一度パールと丸小を拾います。

糸をしっかり引き締めると
下段と上段の間に
クリスタルが包み込まれる
ように固定される

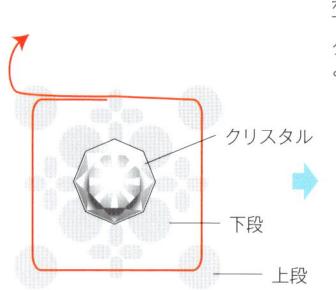
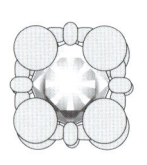

5 竹を2個ずつ通しながらパールを拾って1周します。最後は竹を拾います。

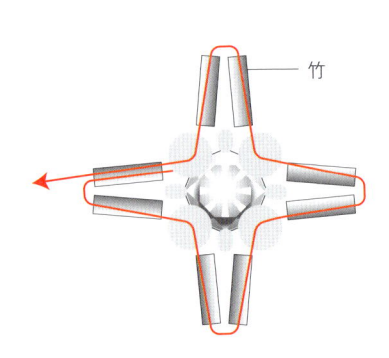

6 2周めは丸小を2個ずつ通し、3周めは1目めに竹2個、2目めからはパール3 mm・特小・パール4 mm・特小・パール3mmを通して編みます。この面が表側になります。

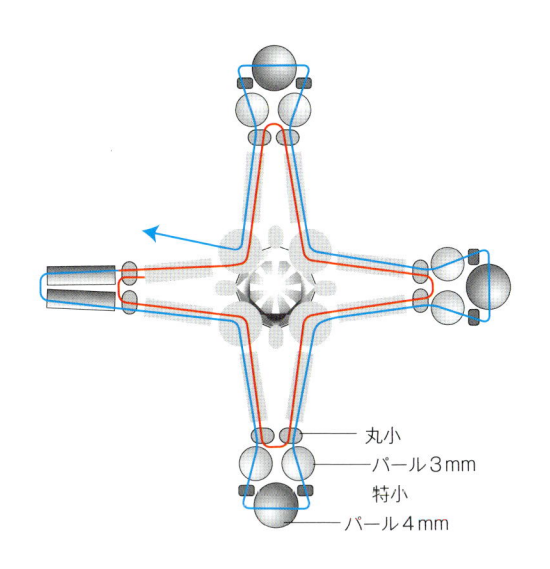

丸小
パール3mm
特小
パール4mm

7 編み地を裏返して、裏面の丸小とパールを拾って1周します。

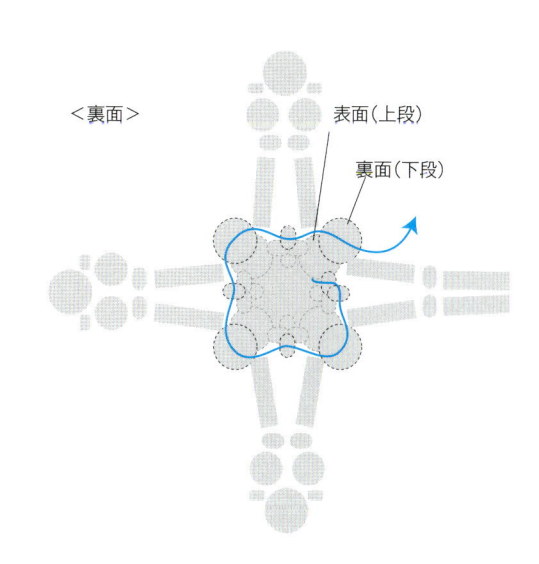

＜裏面＞
表面（上段）
裏面（下段）

8 表側と同様に1周めは竹ビーズを2個ずつ、2周めは丸小を2個ずつ通して編みます。

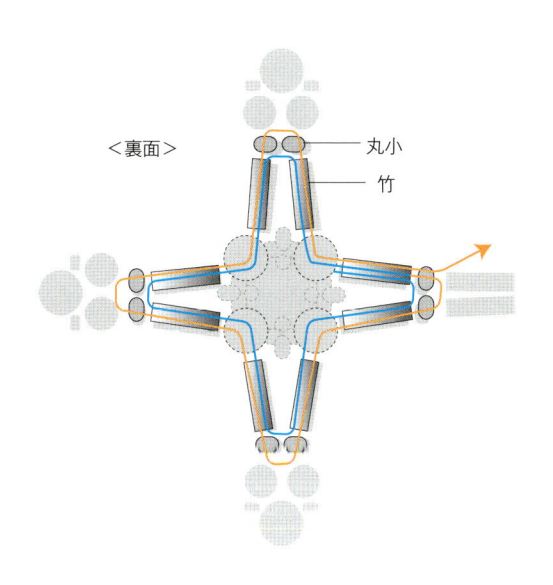

＜裏面＞
丸小
竹

9 3周めは、1目めに竹ビーズを2個通して編みます。2目めからは、パール3 mmと特小を通し、表側のパール4 mmを拾いながら編み1周します。最後は丸小と竹ビーズを拾います。

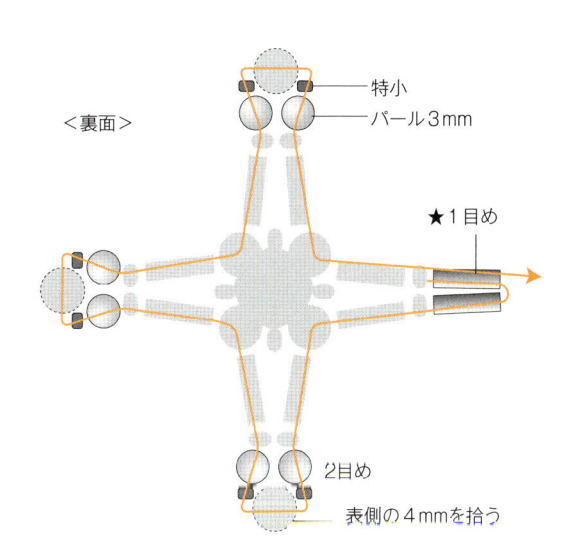

＜裏面＞
特小
パール3mm
★1目め
2目め
表側の4mmを拾う

10 1目めを（竹ビーズ）上側に持ちます。ヘリンボーンステッチで図のように4段編みます。5段めの1目めはパール3 mm・特小・パール4 mm・特小・パール3 mm を通して編みます。2目めはパール3 mm と特小を通して1目めのパール4 mm を拾い特小とパール3 mm を通して編みます。全ての糸を始末します。

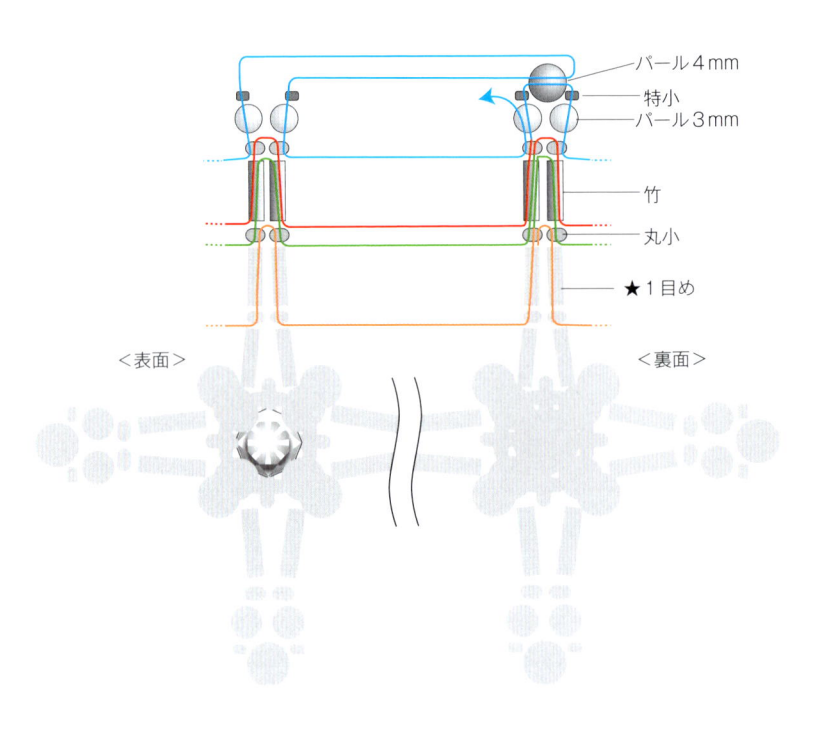

パール4mm
特小
パール3mm

竹
丸小
★1目め

＜表面＞　　　　　　　　　　　　　　　＜裏面＞

クロスの上側に平紐を通せば完成です。

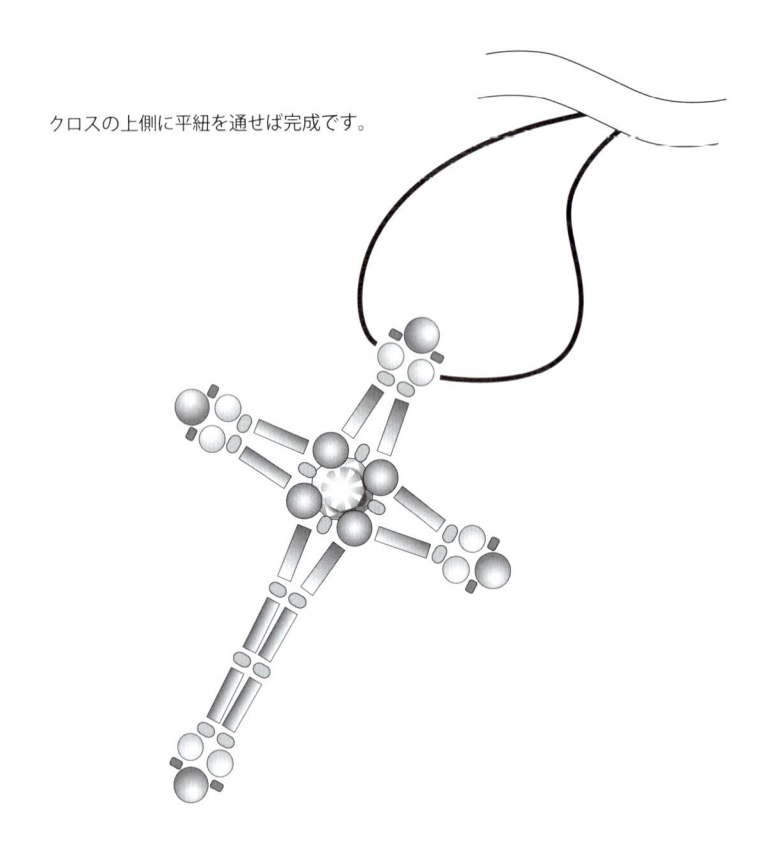

材料§ペンダントトップ

特小ビーズ（黒）………………………１６個
丸小ビーズ（黒）………………………４０個
竹ビーズ６mm（黒）……………………２４個
クリスタルビーズ ソロバンカット ３mm（黒）１６個
クリスタルビーズ ソロバンカット ４mm（黒） ４個
クリスタルビーズ ラウンドカット ４mm（黒） ８個
クリスタルビーズ 穴なし ６mm（黒）……… １個
ビーズステッチ糸

ポイント

糸を１.３m に切り、糸端２０cm 残して編み始めます。Stitch design H と同じ作り方で、中心のパール４mm と先端のパーツを図のように変えて編みます。

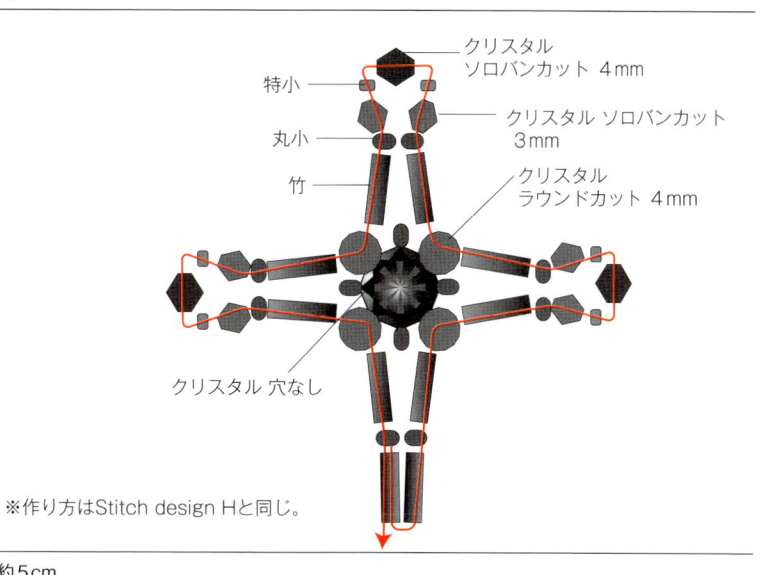

※作り方はStitch design Hと同じ。

材料§ペンダントトップ

特小ビーズ（シルバー）…………………２４個
丸小ビーズ（シルバー）…………………４０個
竹ビーズ６mm（シルバー）………………２４個
クリスタルビーズ ソロバンカット ３mm（白）１６個
クリスタルビーズ ラウンドカット ４mm（白） ８個
ロンデル ３mm（シルバー／クリスタル）… ８個
ロンデル ６mm（白／クリスタル）………… ４個
クリスタルビーズ 穴なし ６mm（乳白）… １個
ビーズステッチ糸

ポイント

糸を１.３m に切り、糸端２０cm 残して編み始めます。Stitch design H と同じ作り方で、中心のパール４mm と先端のパーツを図のように変えて編みます。

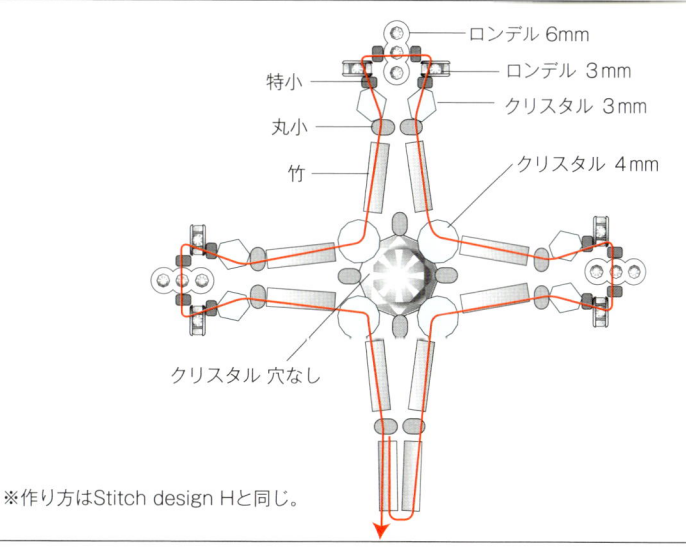

※作り方はStitch design Hと同じ。

材料§ペンダントトップ

特小ビーズ（紺）………………………１６個
丸小ビーズ（紺）………………………４０個
竹ビーズ ３mm（紺）……………………１６個
竹ビーズ ６mm（紺）……………………２４個
パール ４mm（紺）………………………１２個
クリスタルビーズ 穴なし ６mm（紺）……… １個
ビーズステッチ糸

ポイント

糸を１.３m に切り、糸端２０cm 残して編み始めます。Stitch design H と同じ作り方で、先端のパーツを図のように変えて編みます。

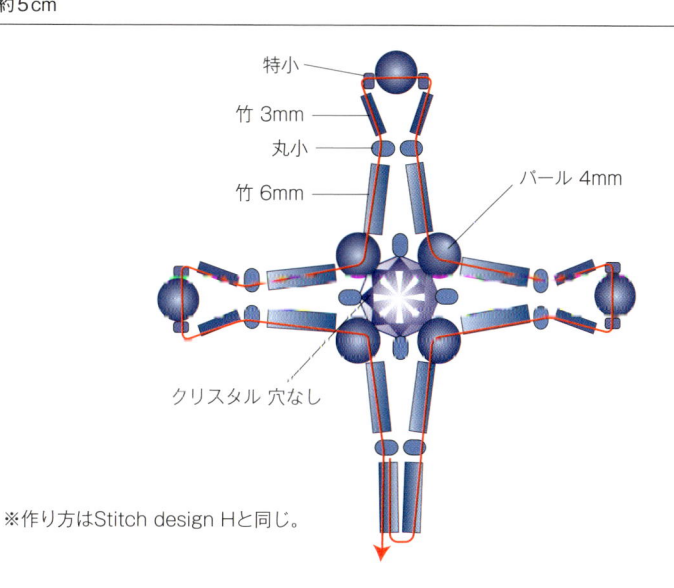

※作り方はStitch design Hと同じ。

Stitch design I

Deux Fleurs ドゥ フルール

仕上がりサイズ　フリーサイズ

材料 § バングル

丸小ビーズ（白）……………………………………… 140個
丸小ビーズ（黄色）………………………………… 35個
丸小ビーズ（紫）…………………………………… 35個
淡水パール 片穴 6mm（白）……………………… 2個
ブレスレット金具（シルバー）…………………… 1個
ビーズステッチ糸

1 花（黄色）を編みます。糸を80cmに切り、丸小（白）と丸小（黄色）を交互に7個ずつ通し、糸端20cm残して固結びし、最初に通した丸小（白）を拾います。1段めが編めました。

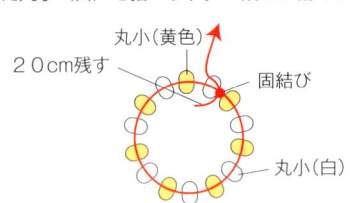

20cm残す　丸小（黄色）　固結び　丸小（白）

2 2段めは丸小（白）を4個ずつ、3段めは丸小（白）を5個ずつ通して編みます。

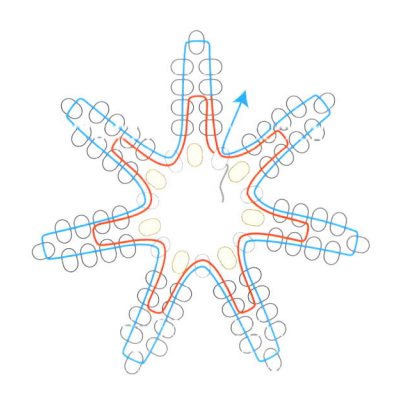

3 続けて丸小（黄色）を拾い、丸小（黄色）を4個ずつ通して1段めの丸小（黄色）を拾い、全ての糸を始末します。

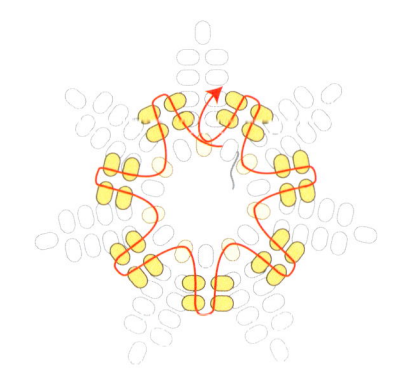

4 花（紫）を編みます。丸小（黄色）を丸小（紫）に替えて、花（黄色）と同様に編みます。

丸小（紫）

5 ブレスレット金具の先端の2個の芯に花パーツを通し、淡水パールにボンドをつけて芯に刺して留めれば完成です。

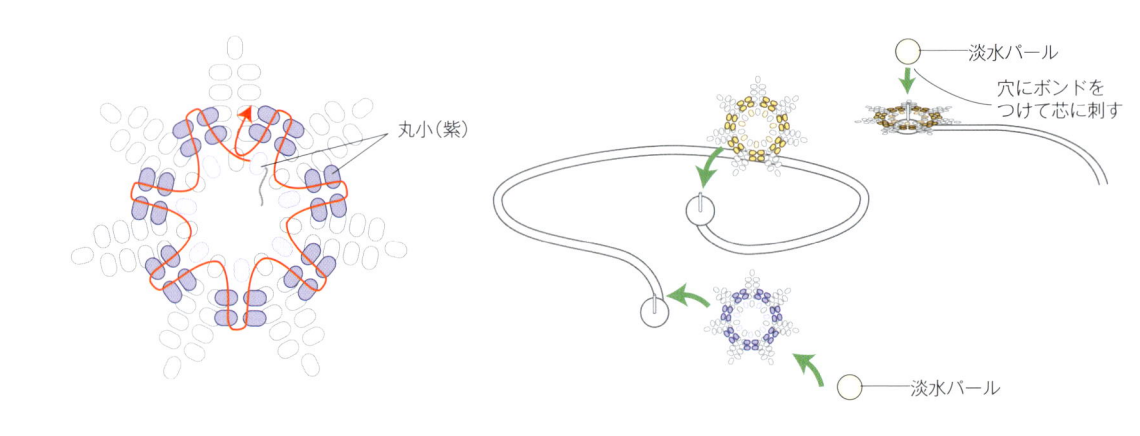

淡水パール

穴にボンドをつけて芯に刺す

淡水パール

材料 § ネックレス

特小ビーズ（白）…………………………… ２８個
丸小ビーズ（白）…………………………… ９０個
竹ビーズ１分竹（白）……………………… ９０個
ガラスパール４mm（白）…………………… ７個
デザインチェーン（マットシルバー）…… ４０cm
丸カン0.6×4mm（マットシルバー）…… ２個
アジャスター（マットシルバー）………… １本
カニカン（マットシルバー）……………… １個
ビーズステッチ糸

ポイント

①花びら内側を編みます。糸を１ｍに切り、丸小を１０個通し、糸端３０cm残して固結びして丸小１個を拾います（図1）。

②１段めは竹を２個ずつ通して編み、丸小を拾い、最後は竹を拾います（図2）。

③２段めは丸小を１個ずつ通して編み、図のように丸小まで拾います。花びら内側が編めました（図3）。

④花びら外側を編みます。花びら内側の最初に通した丸小を拾いながら、１段めは竹を２個ずつ、２段めは丸小を２個ずつ通して編みます（図4）。

⑤３段めは竹を２個ずつ通して編みます（図5）。

⑥４段めは丸小を１個ずつ通して編み、丸小まで拾い、糸を休めます（P.114-図6）。

⑦編み地を裏返し、編み始めに残した糸で、中心にパールを通して、外側の丸小まで拾って糸を休めます（P.114-図7）。

⑧同じ花を合計３個作りますが、残りの２個は編み始めの糸で中心にパールを通して糸を始末します。

⑨組み立てます。［左右に糸を休めた花］を中央に配置し、［片側に糸を休めた花］の反対側の丸小と図のようにつなぎます（P.114-図8）。

⑩片側に休めた糸でチェーンに特小とパールをつなげます（P.114-図8）。

⑪チェーンとカニカン・アジャスターを丸カンでつなげれば完成です。

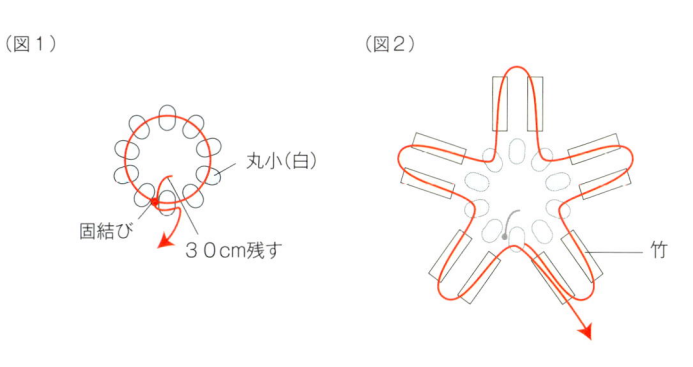

（図1）丸小（白）
固結び
３０cm残す

（図2）竹

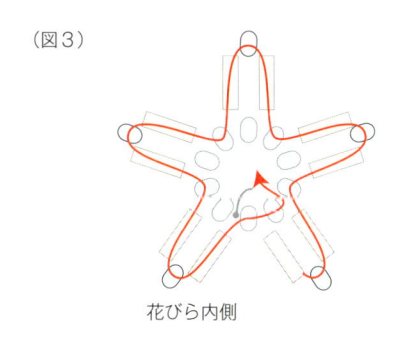

（図3）
花びら内側

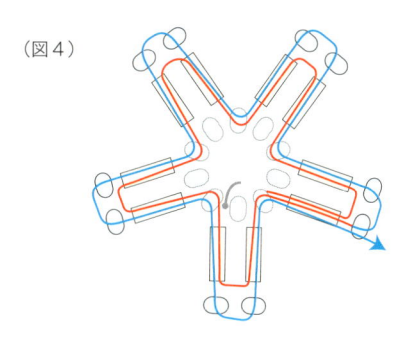

（図4）

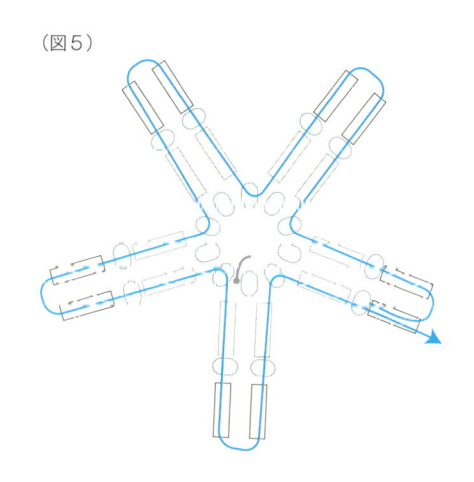

（図5）

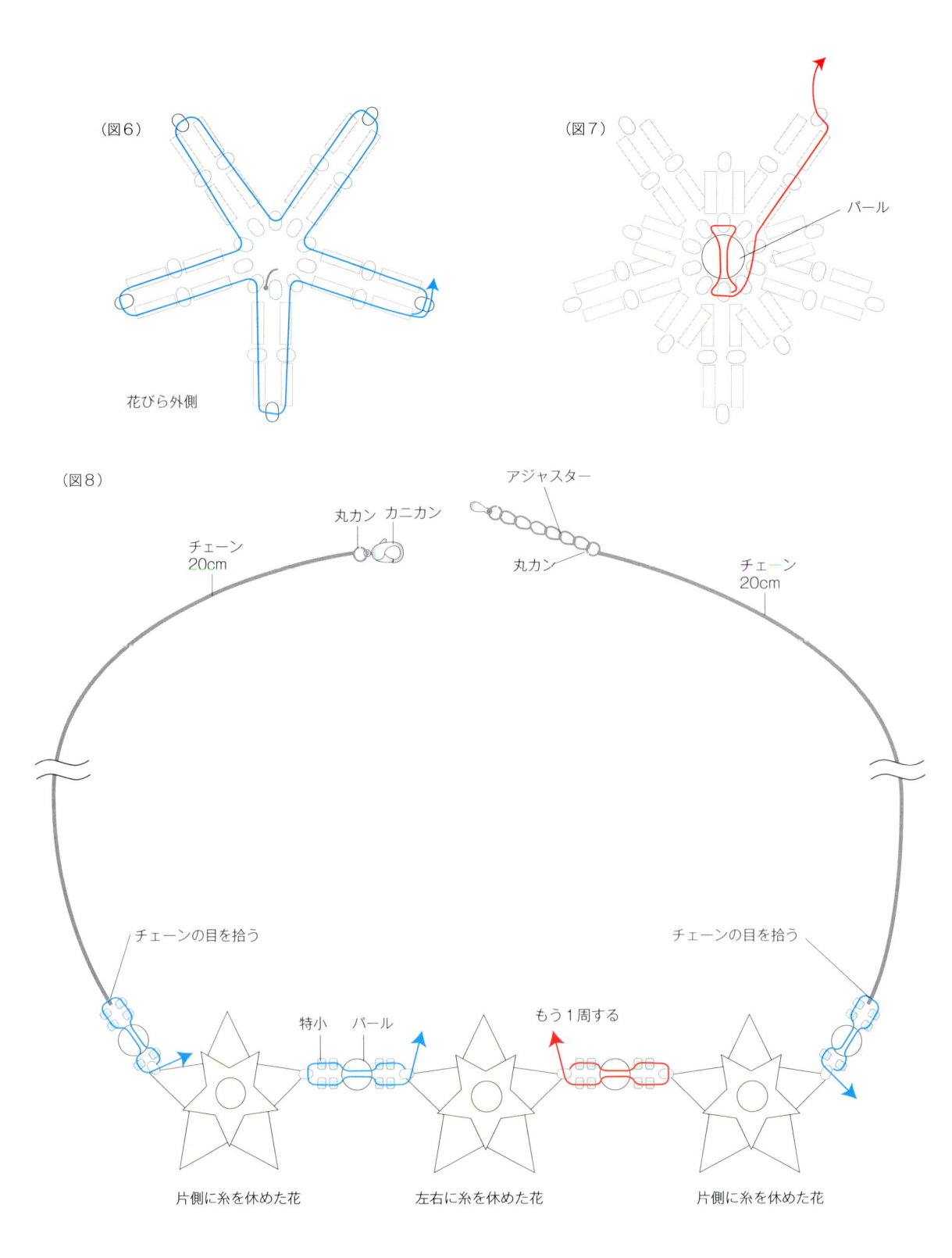

（図6）

花びら外側

（図7）

パール

（図8）

チェーン
20cm

丸カン　カニカン

アジャスター

丸カン

チェーン
20cm

チェーンの目を拾う

チェーンの目を拾う

特小　パール

もう1周する

片側に糸を休めた花

左右に糸を休めた花

片側に糸を休めた花

材料§ネックレス

丸小ビーズ（濃黄色）	54個
丸小ビーズ（薄黄色）	30個
ファイアーポリッシュ 3mm（紫）	6個
ファイアーポリッシュ 3mm（茶）	12個
エアパール 6mm（ピンク）	1個
チェーン（金古美）	約50cm
丸カン0.6×4mm（金古美）	3個
アジャスター（金古美）	1本
カニカン（金古美）	1個
ビーズステッチ糸	

ポイント

①糸を1.1mに切り、ファイアーポリッシュ＜以下FP＞（紫）を6個通し、糸端20cm残して固結びし、最初に通したFPを拾います（図1）。

②1段めは丸小（濃黄色）を4個ずつ（図2）、2段めは丸小（濃黄色）を2個ずつ（図3）、3段めは丸小（濃黄色）を3個ずつ（図4）通して編み、FPまで拾います。外側の花が編めました。

③内側の花を編みます。1段めは丸小（薄黄色）を2個ずつ通して編みます（図5）。

④2段めはFP（茶）を2個ずつ通して編み、図のように拾います（図6）。

⑤3段めは丸小（薄黄色）を2個ずつ通して編み、図のように拾います（図7）。

⑥4段めは丸小（薄黄色）を1個ずつ通して編み、図のように拾います（図8）。

⑦中心にエアパールを通して編み、全ての糸を始末します（図9）。

⑧花弁の先端に丸カンをつけ、チェーンを通します。チェーンの両端に丸カンでカニカンとアジャスターをつければ完成です（図10）。

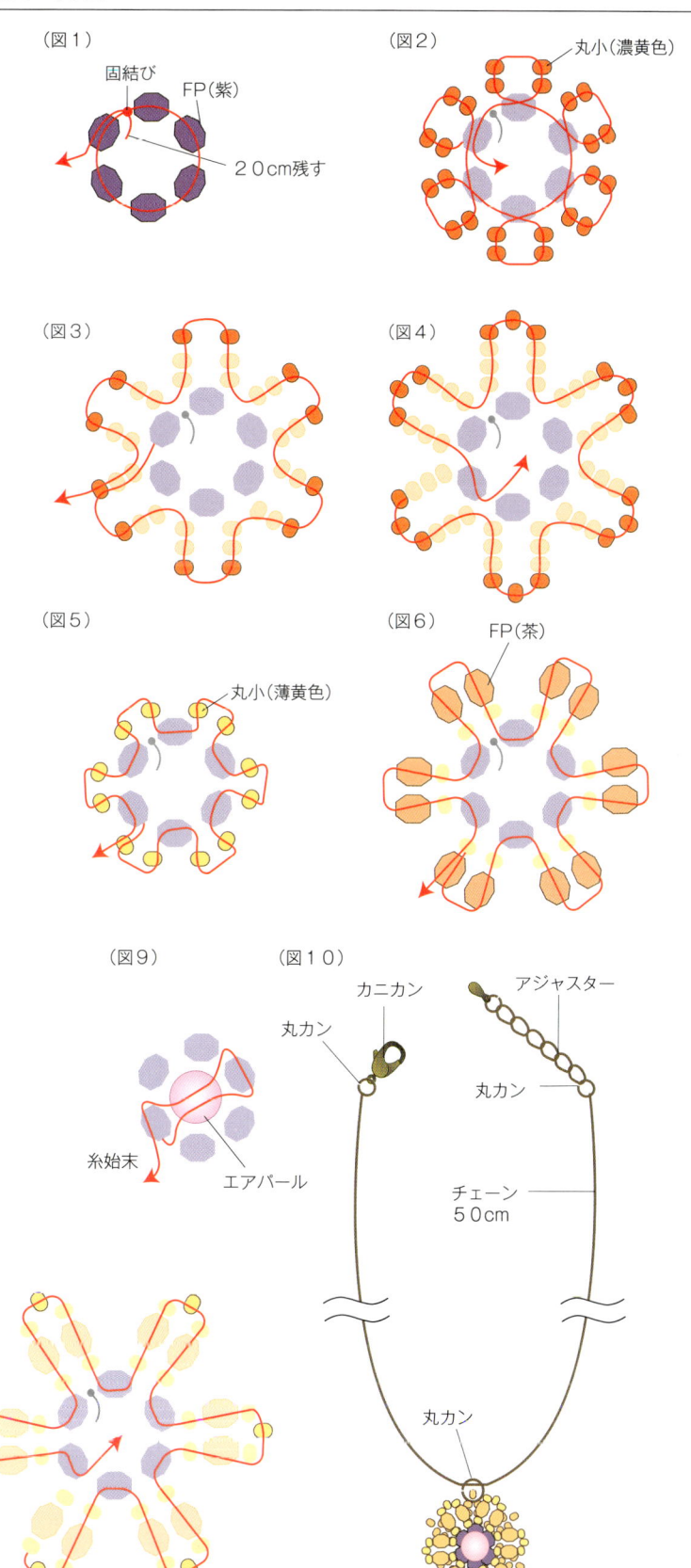

（図1）固結び　FP（紫）　20cm残す

（図2）丸小（濃黄色）

（図3）

（図4）

（図5）丸小（薄黄色）

（図6）FP（茶）

（図9）糸始末　エアパール

（図10）カニカン　丸カン　アジャスター　丸カン　チェーン50cm　丸カン

（図7）

（図8）

材料 § ネックレス

丸小ビーズ（赤） …………………………	102個
丸小ビーズ（緑） …………………………	24個
丸大ビーズ（緑） …………………………	10個
パール 4mm（茶） ………………………	2個
チェーン（金古美） ……………………	約50cm
丸カン 0.6×4mm（金古美） ……………	3個
アジャスター（金古美） ………………	1本
カニカン（金古美） ……………………	1個
ビーズステッチ糸	

ポイント

①チェーンを2.5cm・3.5cm・20cm×2本に切り分けます。

②花を編みます。糸を80cmに切り、糸端30cm残してビーズストッパーをつけます。丸大でラダーステッチを3目編み、輪にします（図1）。

③1段めは丸小（赤）2個ずつ通して、丸大を図のように拾います。段の最後は丸大と丸小（赤）を拾います（図2）。

④2段めは丸小（赤）2個ずつ通して編みます（図2）。

⑤3段めと4段めは、目と目の間にビーズを通しながら編みます（図3）。

⑥5段めは丸小（赤）3個ずつ通して編み、最後は丸大を拾います（図4）。

⑦外側に丸小（緑）でガクをつけて糸を始末します（図5）。

⑧編み始めに残した糸で、パール、丸大、チェーン3.5cmをつけて糸を始末します（図6）。

⑨同じものをもう1個作ります（チェーンは2.5cmをつけます）。

⑩丸カンに丸大1個、20cmのチェーン2本、丸大1個、花のついたチェーンの端2本を通して、閉じます（図7）。

⑪チェーン20cmの端に丸カンでカニカンとアジャスターをつければ完成です（図7）。

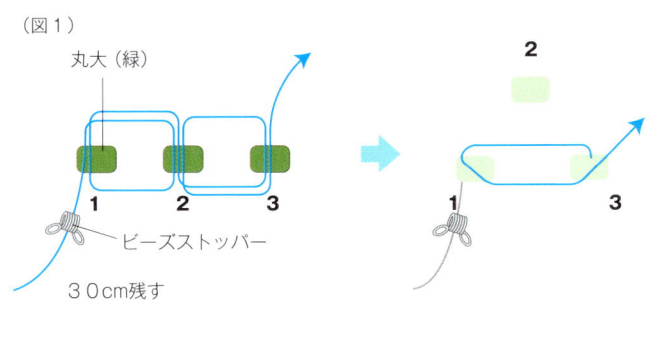

（図1）丸大（緑）／1 2 3／ビーズストッパー／30cm残す

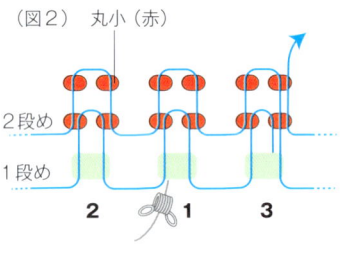

（図2）丸小（赤）／2段め／1段め／2 1 3

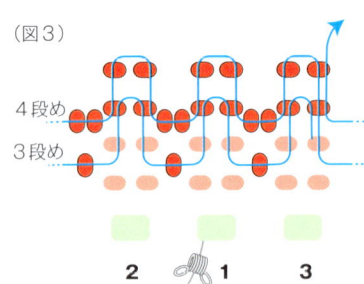

（図3）4段め／3段め／2 1 3

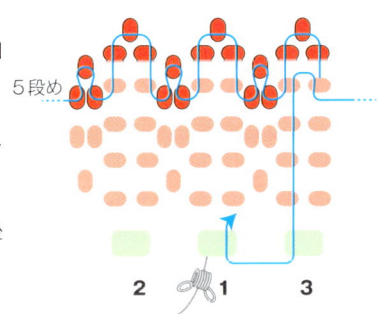

（図4）5段め／2 1 3

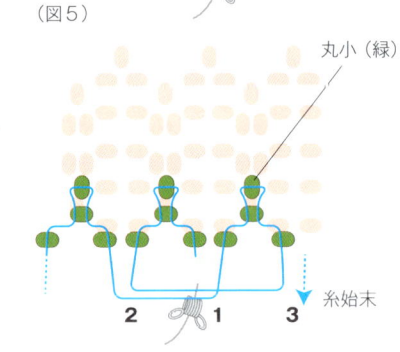

（図5）丸小（緑）／2 1 3／糸始末

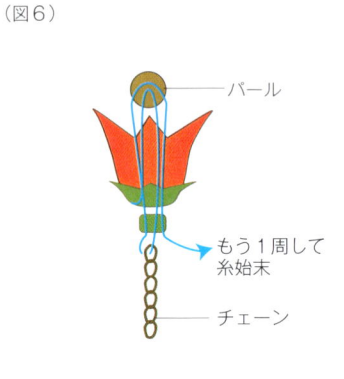

（図6）パール／もう1周して糸始末／チェーン

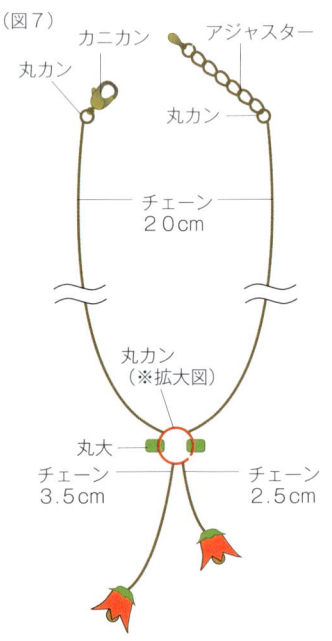

（図7）カニカン／丸カン／アジャスター／丸カン／チェーン 20cm／丸カン（※拡大図）／丸大／チェーン 3.5cm／チェーン 2.5cm

P.40

Stitch design J

Nuit Blanche 眠らない夜

仕上がりサイズ　ペンダント約６４cm　リングフリーサイズ

材料 § ネックレス（緑）

シリンダービーズ M（緑）	８５７個
丸大ビーズ（黒）	３３個
キュービックジルコニア 2.5mm（クリスタル／ゴールド）	2個
クリスタルビーズ 変形 ５０×３５mm（黒）	1個
ビーズステッチ糸	

材料 § ネックレス（白）

シリンダービーズ M（白）	約８４０個
シリンダービーズ M（金）	約２０個
丸大ビーズ（金）	３３個
キュービックジルコニア 2.5mm（クリスタル／ゴールド）	2個
クリスタルビーズ 楕円形 ４０×３０mm（クリスタルオーロラ）	1個
ビーズステッチ糸	

＜ネックレス＞

1 ヘッドを編みます。糸を1.5ｍに切り、シリンダー36個通し、糸端20cm 残して固結びし、最初に通したシリンダーを拾います。1、2段めが編めました。

シリンダー
固結び
２０cm残す

※イラストは緑バージョンで描いています。

※白バージョンの場合は、最初にシリンダーの白と金を混ぜてから使います。

2 ３段めと４段めは角はビーズ２個、その他はシリンダー１個ずつ通して編みます。５段めは１角めと３角めにシリンダーとジルコニアを通して編みます。

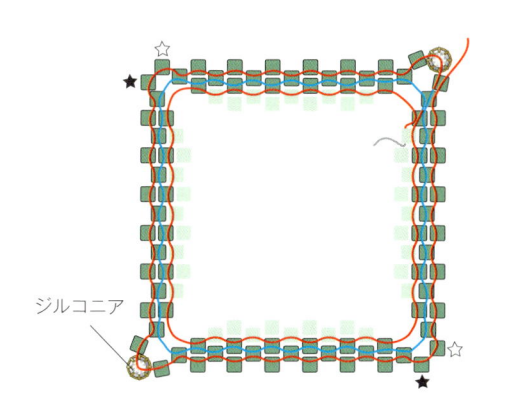

ジルコニア

3 図のようにビーズを拾います。

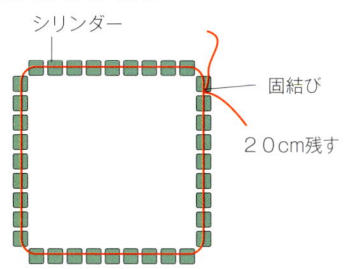

※クリスタルの厚みにより、シリンダーの個数を調整してください。

4 シリンダー５個とクリスタルを通して編み、補強のためもう１周して糸を始末します。編み始めの糸も始末します。

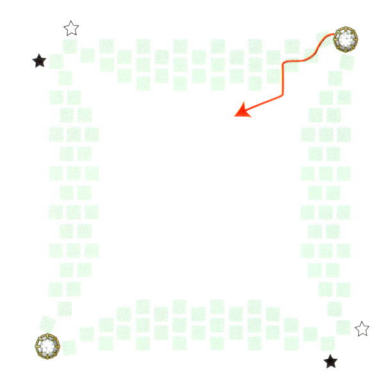

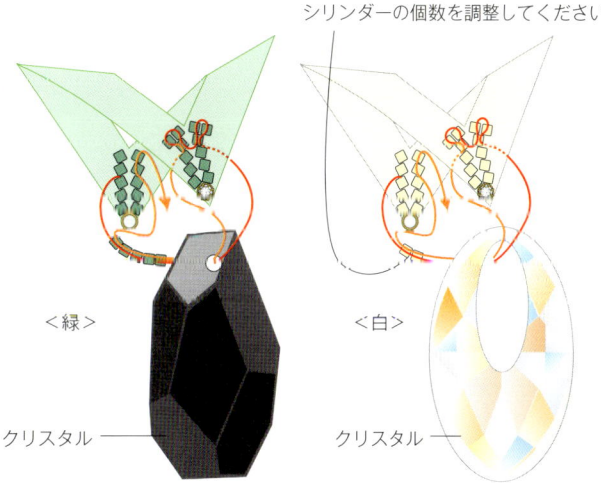

＜緑＞　　　　　＜白＞

クリスタル　　　クリスタル

5 マンテルバーをペヨーテステッチで編みます。糸を１．２ｍに切り、糸端２０cm残してシリンダー１２個通します。２段めからはビーズ１個ずつ通して１０段めまで編みます。

6 １段めと１０段めをはぎ合せ、全ての糸を始末します。

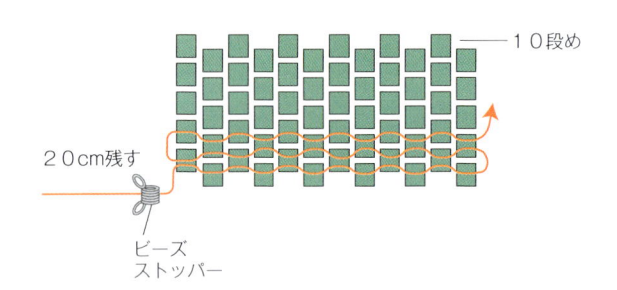

１０段め

２０cm残す

ビーズ
ストッパー

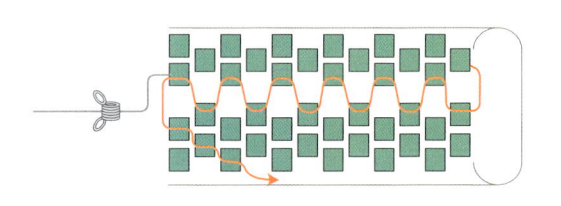

7 糸を１．６ｍに切り、糸端２０cm残してビーズストッパーをつけます。**2**の★のシリンダーを拾って、シリンダー２７個と丸大３個を１模様として合計５回くり返し、続けてシリンダー２７個・丸大・マンテルバーの中心・丸大を拾います。シリンダーを２７個ず

つ通しながら丸大を拾って戻り、**2**の☆のシリンダーを拾って糸を始末します。編み始めの糸も始末します。反対側も、糸を１．６ｍに切り、マンテルバーの代わりにループをつけて同様に編めばネックレスの完成です。

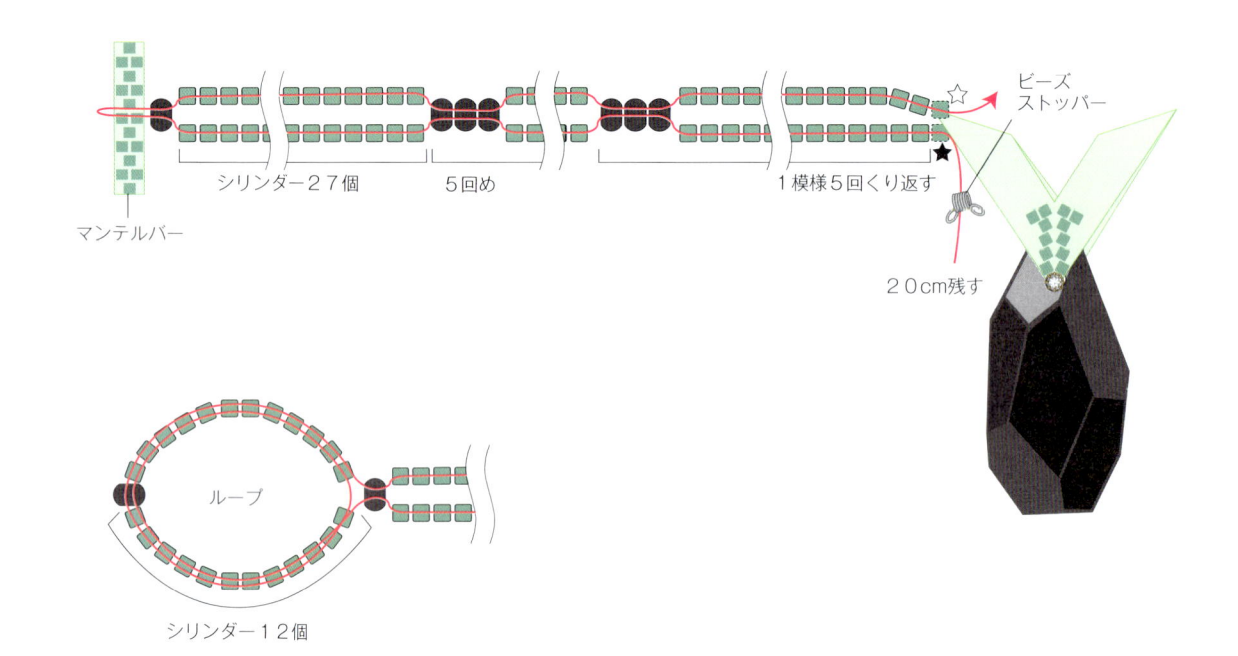

マンテルバー

シリンダー２７個

５回め

１模様５回くり返す

☆

ビーズ
ストッパー

★

２０cm残す

ループ

シリンダー１２個

材料 § リング（緑）

シリンダービーズ（緑）······························ 約１７０個
ロンデル ３mm（クリスタル／ゴールド）···················· 2個
クリスタルビーズ ソロバンカット 12mm（黒）·················· 1個
ビーズステッチ糸

材料 § リング（白）

シリンダービーズ（白）······························ 約１５０個
シリンダービーズ（金）······························ 約２０個
ロンデル ３mm（クリスタル／ゴールド）···················· 2個
クリスタルビーズ ソロバンカット 12mm（クリスタルオーロラ）1個
ビーズステッチ糸

＜リング＞

1 トップを編みます。糸を１.２ｍに切り、シリンダー３６個通し、糸端４０㎝残して固結びし、最初に通したシリンダーを拾います。１、２段めが編めました。

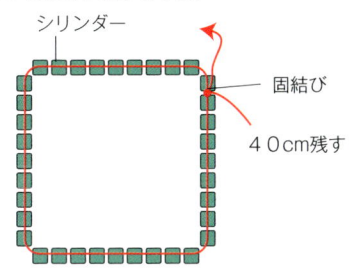

※イラストは緑バージョンで描いています。

※白バージョンの場合は、最初にシリンダーの白と金を混ぜてから使います。

※図はネックレスと同じですが、シリンダーのサイズが異なります。

2 ネックレスと同様に５段編みます。５段めはジルコニアの代わりにロンデルを通します。ロンデルを拾って、クリスタルを通します。補強のためもう１周して糸を始末します。

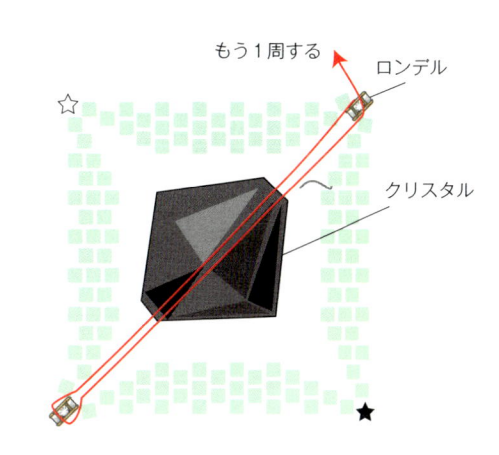

3 編み始めに残した糸で**2**の★までビーズを拾います。リング部分を編みます。シリンダー２個ずつ通して編みます。お好みのサイズまで編めたら、☆を拾って糸を始末すれば完成です。

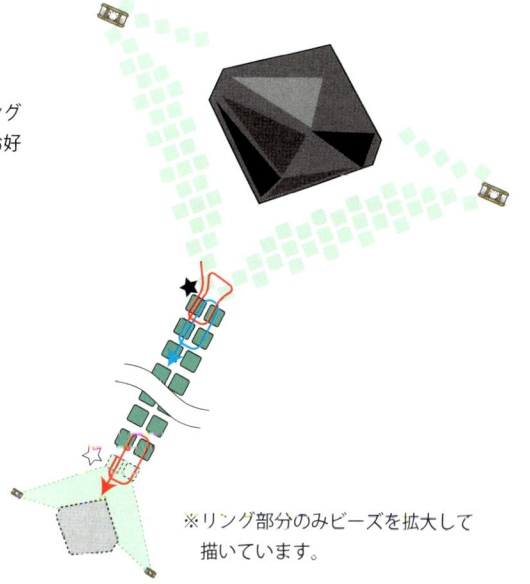

※リング部分のみビーズを拡大して描いています。

stitch design K

Café noir / Café de miel カフェノワール／カフェ　ドゥ　ミエル

仕上がりサイズ　フリーサイズ

材料 § ネックレス（Café noir ／黒）

シリンダービーズ（黒）	336個
シリンダービーズ（マット黒）	336個
丸小ビーズ（黒）	192個
丸大ビーズ（黒）	94個
丸大ビーズ（茶）	41個
ガラスビーズ 丸玉 8mm（黒）	26個
ガラスビーズ ツイスト13×9mm（黒）	8個
ガラスビーズ 変形楕円24×13mm（黒）	1個
メタルビーズ 12mm（金古美）	1個
天然石シトリン タンブル	1個
アルミチェーン 21×14mm（黒／ゴールド）	18コマ
ビーズステッチ糸	

1 三角パーツを作ります。糸を1.5mに切り、シリンダー（黒）45個通し、糸端20cm残して固結びして、シリンダー2個拾います。これが1、2段めになります。3段めは、角になる部分のシリンダー（黒）2個を通して、前段を拾います。ペヨーテステッチで14目編み（通すシリンダーは7個）ます。1辺めが編めました。2辺めと3辺めも同様にくり返し、最後は立ち上がりのためビーズを拾います。

<1～3段め>

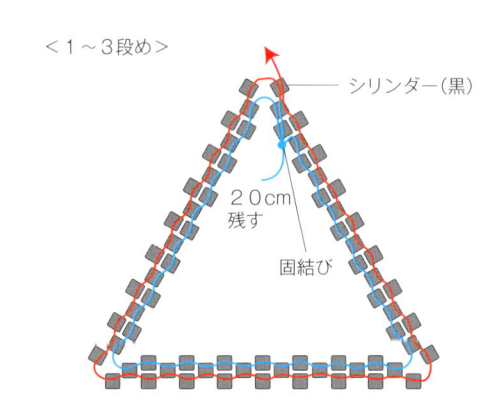

2 4段めと5段めも同じ要領で編みますが、辺の部分の目数が各段2目ずつ増えます（通すビーズは1個ずつ増えます）。

<4、5段め>

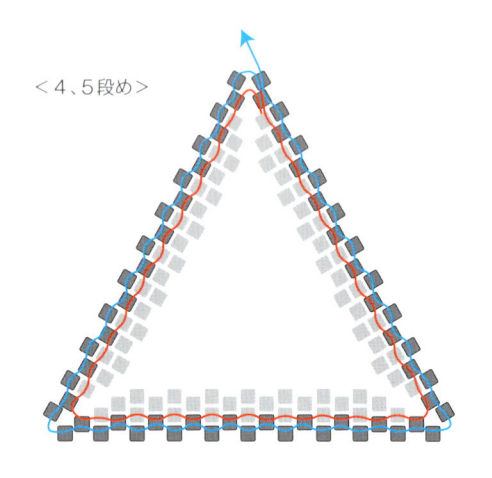

3 6段めは角を1個ずつ通して編み、編み終わりの糸を休め、編み始めの糸を始末します。シリンダー（黒）とシリンダー（マット黒）を合計で各2枚ずつ編みます。

黒、マット黒　各2枚編む

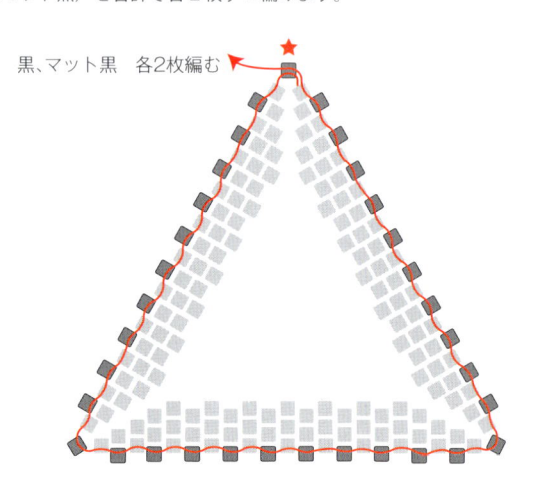

4 チェーンを3コマずつ6組に分けます。三角のパーツシリンダー（黒）とシリンダー（マット黒）を図のように組み合わせ、

それぞれの編み終わりに残した糸で丸小と丸大（黒）を通してチェーンと接続します。もう1組同じものを作ります。

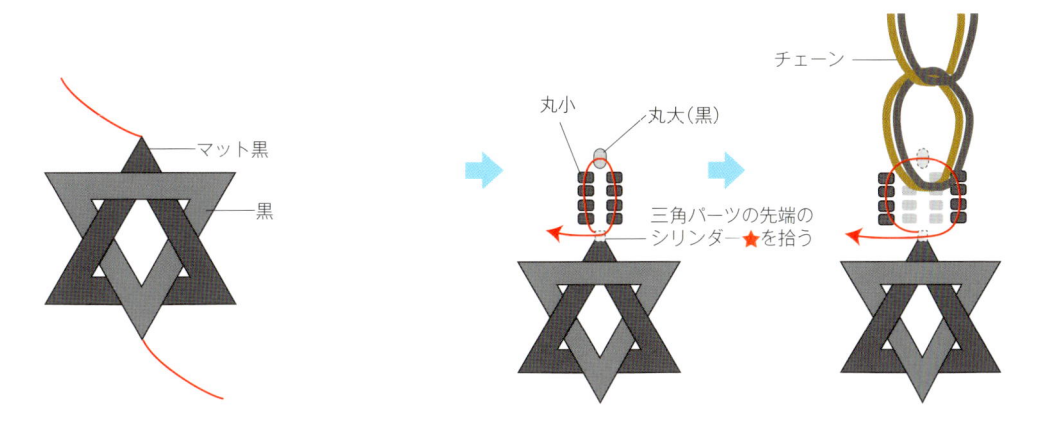

5 全体図を参考に、ビーズを通して組み立てれば完成です。

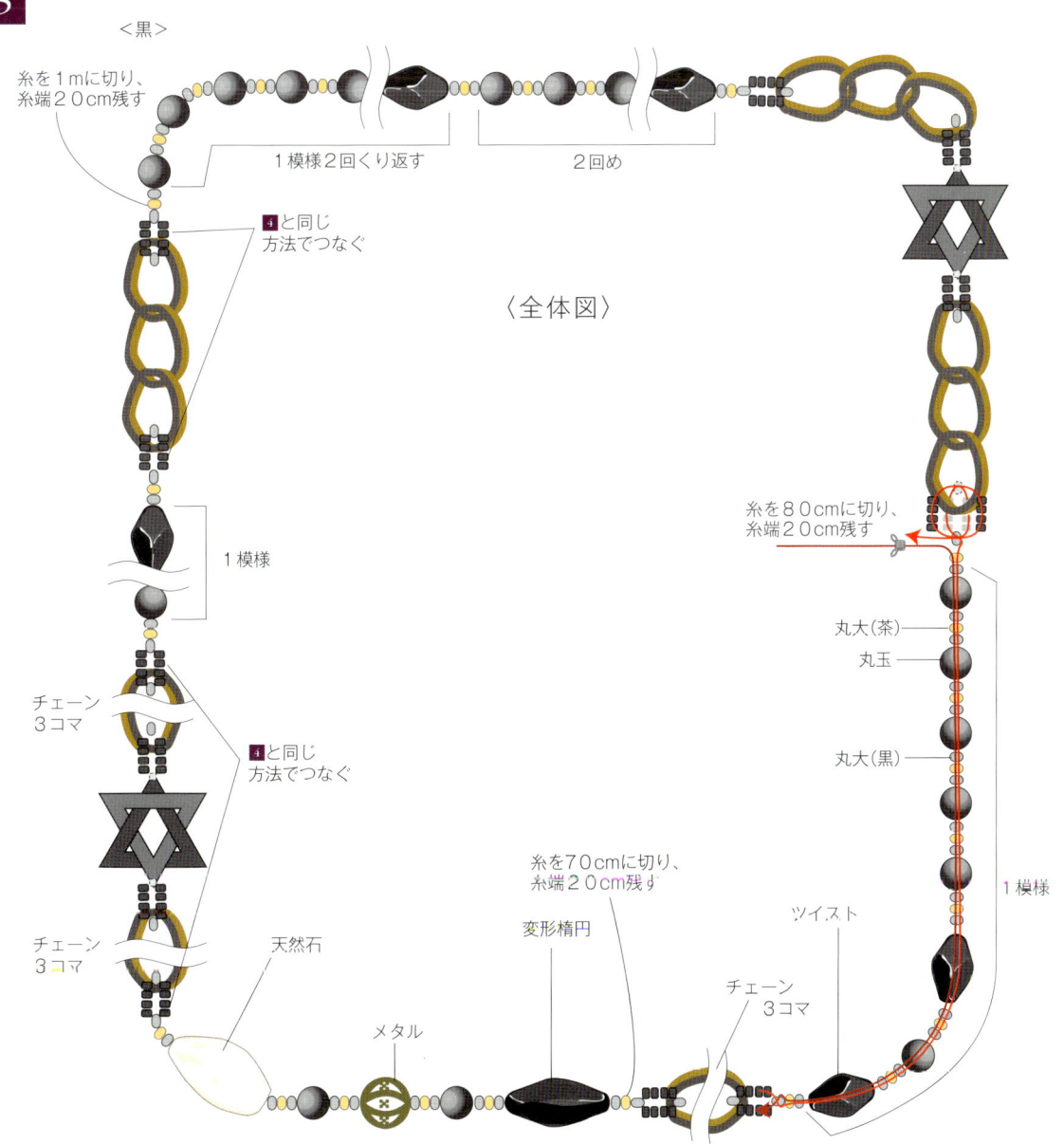

〈全体図〉

<黒>

糸を1mに切り、糸端20cm残す

1模様2回くり返す　2回め

4と同じ方法でつなぐ

1模様

チェーン3コマ

4と同じ方法でつなぐ

チェーン3コマ

天然石

メタル

糸を70cmに切り、糸端20cm残す

変形楕円

チェーン3コマ

糸を80cmに切り、糸端20cm残す

丸大（茶）

丸玉

丸大（黒）

1模様

ツイスト

シリンダービーズ（ベージュ）……………………… ３３６個
シリンダービーズ（ピンク）………………………… ３３６個
丸小ビーズ（薄茶）…………………………………… １９２個
丸大ビーズ（薄茶）…………………………………… ９４個
丸大ビーズ（ベージュ）……………………………… ４１個
パール 丸玉 8mm（ベージュ）……………………… ２６個
ガラスビーズ ツイスト１３×９mm（クリアベージュ）……… ８個
メタルビーズ１２mm（金古美）…………………………… １個
デザインビーズ（アイボリー）……………………… ２個
アルミチェーン ２１×１４mm（ブラウン／ゴールド）… １８コマ
ビーズステッチ糸

作り方

①三角パーツを作ります。ネックレス（Café noir ／黒）の作り方 **1**〜**3** をシリンダーのベージュとピンクで各２枚ずつ編みます。

②三角パーツを組み合わせ、チェーンとつなげます（**4**の図）。

③全体図を参考にビーズを通して組み立てれば完成です。

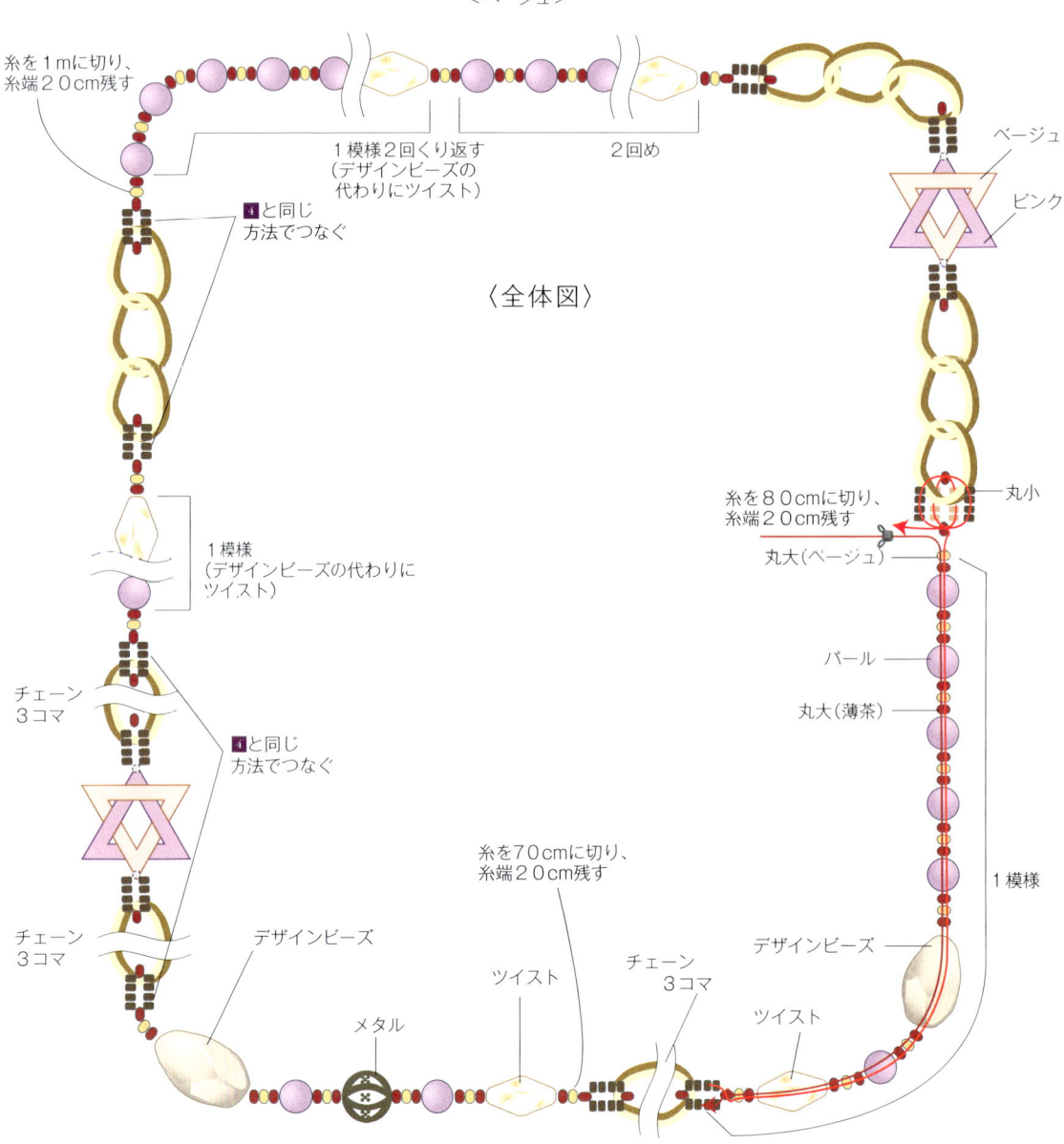

〈全体図〉

＜ベージュ＞

糸を１ｍに切り、糸端２０ｃｍ残す

１模様２回くり返す
（デザインビーズの代わりにツイスト）

２回め

ベージュ

ピンク

4と同じ方法でつなぐ

１模様
（デザインビーズの代わりにツイスト）

チェーン３コマ

4と同じ方法でつなぐ

チェーン３コマ

デザインビーズ

糸を７０ｃｍに切り、糸端２０ｃｍ残す

ツイスト

チェーン３コマ

デザインビーズ

ツイスト

１模様

糸を８０ｃｍに切り、糸端２０ｃｍ残す

丸小

丸大（ベージュ）

パール

丸大（薄茶）

メタル

Shangri-la　シャングリラ

仕上がりサイズ　フリーサイズ

P.44

材料 § ネックレス（パール）

スリーカットビーズ（クリア）……………………………… １７８１個
丸大ビーズ（クリア）……………………………………………… ３０個
クリスタルビーズ ソロバンカット ４mm（クリスタル AB）…… ３６個
淡水パール 変形ラウンド ４〜６mm（ホワイト）………… １２６個
淡水パール ラウンド８mm（ホワイト）………………………… １４個
ビーズステッチ糸

材料 § ネックレス（天然石）

スリーカットビーズ（グレー）……………………………… １７８１個
丸大ビーズ（グレー）……………………………………………… ３０個
天然石ラブラドライト ラウンドカット ４mm（グレー）…… ３６個
天然石ラブラドライト チップ（グレー）……………………… １２６個
天然石ラブラドライト ラウンド８mm（グレー）…………… １４個
ビーズステッチ糸

1 ネックレス１本めを編みます。糸を３.５ｍに切り、糸端１.５ｍ残してビーズストッパーをつけ、丸大１個を通します（★＝スタートの丸大）。スリーカット１０個と変形ラウンド４〜６mm または

チップを交互に６回通し、最後はスリーカット１０個を通します。これを１模様とします。

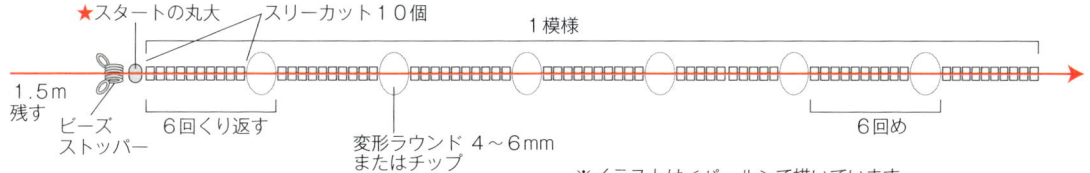

★スタートの丸大　　スリーカット１０個　　　　　　１模様

１.５m 残す　ビーズストッパー　６回くり返す　変形ラウンド ４〜６mm または チップ　６回め

※イラストは＜パール＞で描いています。
　ビーズの指定は前が＜パール＞、後ろが＜天然石＞の場合の名称です。

2 ミニボールを編みます。最初に芯となる丸大４個を通し、外側ビーズa＜スリーカット１個・クリスタルまたはラウンドカット４mm１個・スリーカット３個＞を通し、芯の丸大４個を拾います。外側ビーズb＜スリーカット３個・クリスタルまたはラウンドカット

４mm１個・スリーカット１個＞を通し、再び芯の丸大４個を拾います。「外側ビーズaとbを交互に通し、芯の丸大４個を拾う」を１セットとして合計３セットくり返します。

＜ミニボール＞
「外側ビーズaとbを交互に通し芯ビーズの丸大４個を拾う」を１セットとして３セットくり返す。

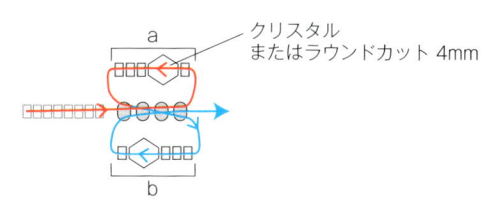

a　クリスタル または ラウンドカット 4mm
b

3 同様にしてラウンド８mm またはミニボールの間に１模様分を通しながら１本めを編み、スタートの丸大を拾います。

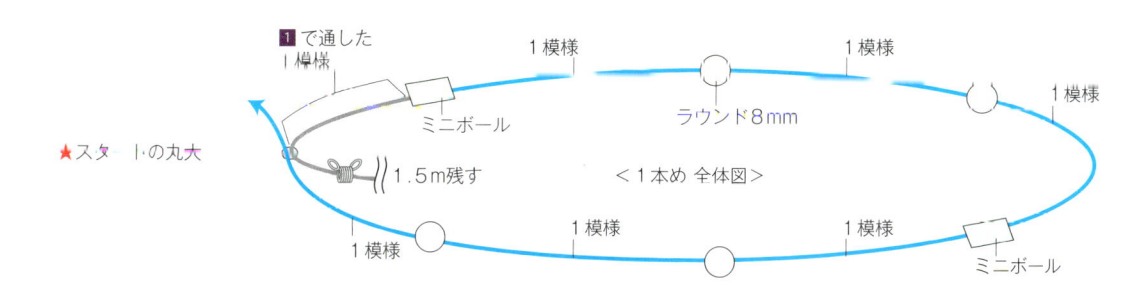

1 で通した１模様　　　１模様　　　　１模様
ミニボール　　ラウンド８mm　　　１模様
★スタートの丸大
１.５m残す　＜１本め 全体図＞
１模様　　１模様　　１模様
ミニボール

4 続けて留め具部分を作ります。スリーカット 8 個・丸大・スリーカット 8 個を通して、丸大を拾います。スリーカット 8 個ずつ通しながら丸大を拾い、2 目めを編むためにスリーカット 8 個と丸大を拾います。

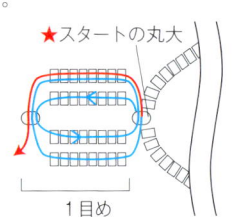

★スタートの丸大

1目め

5 2 目めも同じ要領で編みます。

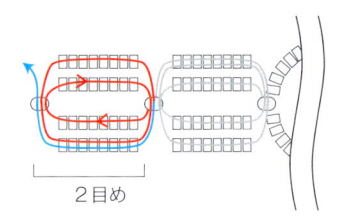

2目め

6 3 目めはラウンド 8 mm と丸大を通しラウンド 8 mm と丸大を拾い、スリーカット 8 個ずつ通しながら、丸大を拾います。

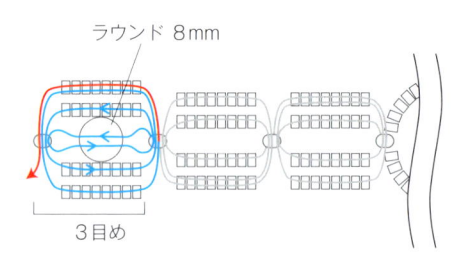

ラウンド 8mm

3目め

7 4 目めは 2 目めと同様に、5 目めは 1 目めと同様に編み、スリーカットとラウンド 8 mm を通して編みます。補強のため、留め具全体をもう 1 周して糸を始末します。

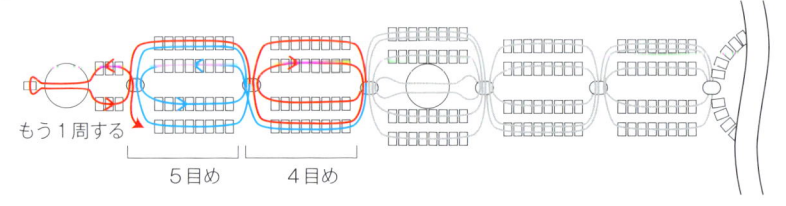

もう1周する

5目め　　4目め

8 編み始めに残した糸 1.5 m で、本体の全てのビーズを拾って糸を始末します（ミニボールは芯の丸大のみを拾います）。

9 2 本めを編みます。糸を 3 m に切り、糸端 1.5 m 残してビーズストッパーをつけ、1 本め星印の丸大を拾います。ラウンド 8 mm またはミニボールの間に 1 模様分を通しながら編みます。最後の 1 模様を通したらスタートの丸大を拾って糸を始末します。編み始めに残した糸で補強のため、全てのビーズを拾って糸を始末します。3 本めも、糸を 3 m に切り、糸端 1.5 m 残してビーズストッパーをつけ、2 本めと同じ要領で編めば完成です。

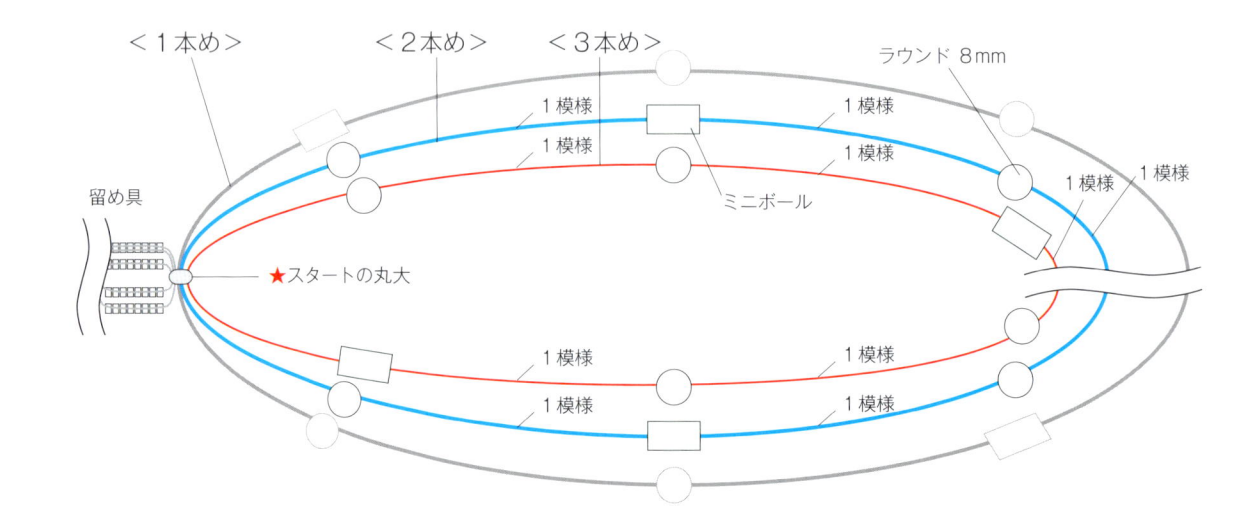

＜1本め＞　＜2本め＞　＜3本め＞　ラウンド 8mm

1模様　1模様　1模様　1模様

留め具

★スタートの丸大

ミニボール

1模様　1模様
1模様　1模様

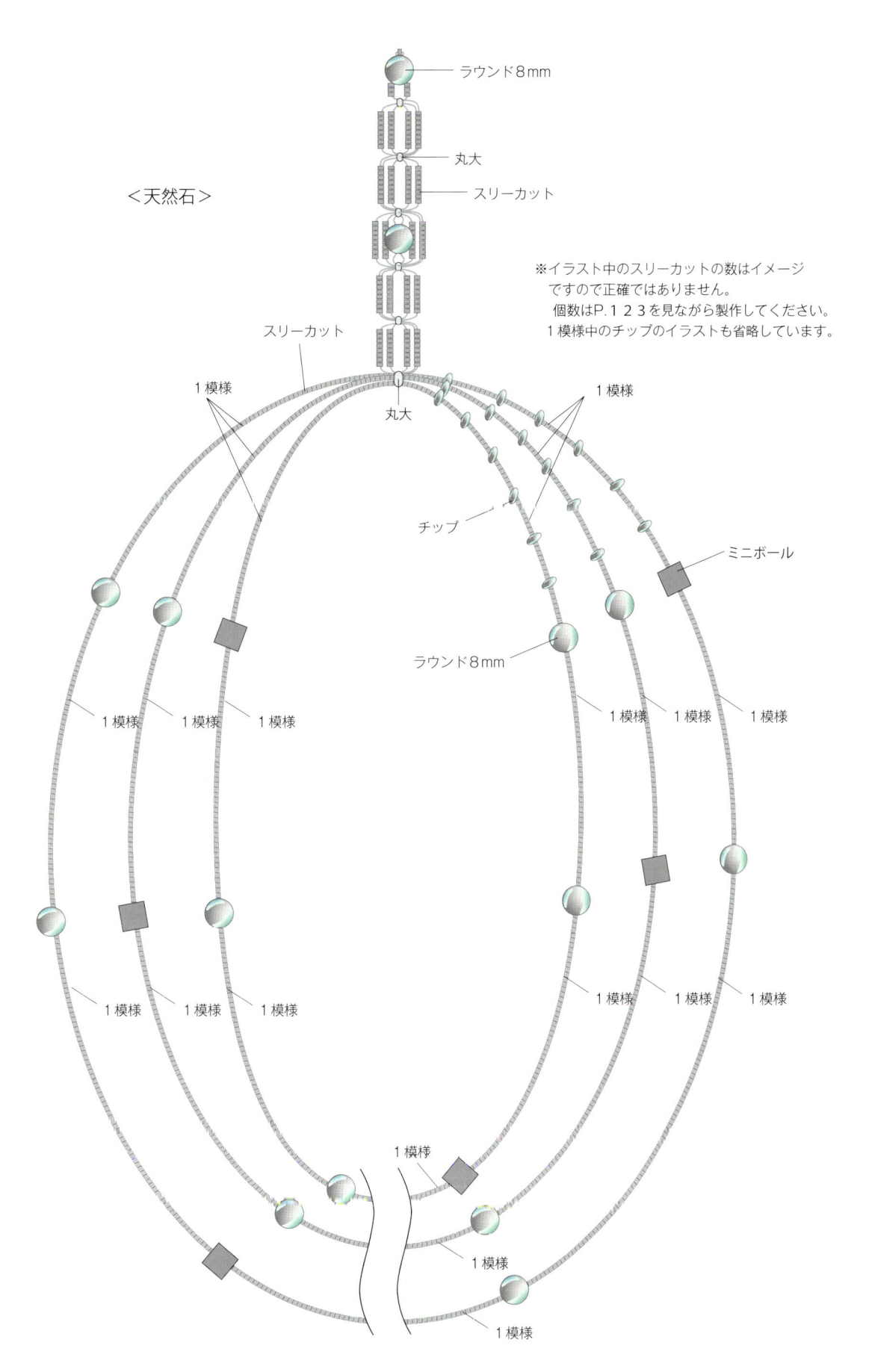

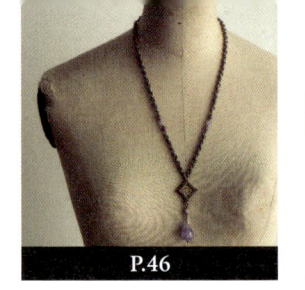

Step-up arrangement of J

ネックレス

仕上がりサイズ　約58cm

材料§ネックレス

シリンダービーズ（ベージュ）…………………………	1142個
丸小ビーズ（ベージュ）…………………………………	339個
丸大ビーズ（ベージュ）…………………………………	2個
スペーサー 3mm（ゴールド）…………………………	15個
スカシパーツ 15mm角（ゴールド）…………………	2個
天然石レピドライト 丸玉6mm（赤紫）………………	5個
天然石アメシスト ラウンドカット6mm（紫）………	2個
天然石アメシスト しずく形16×20mm（紫）………	1個
ロンデル 4mm（クリスタル／ゴールド）……………	1個
マンテル（ゴールド）……………………………………	1組
ビーズステッチ糸	

1 糸を2.2mに切り、シリンダー36個通し糸端60cm残して固結びし、最初に通したシリンダーを拾います。1、2段めが編めました。

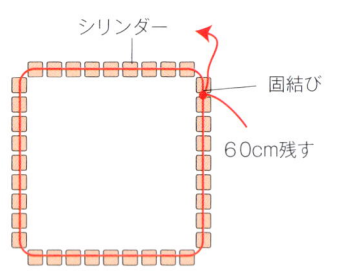

シリンダー
固結び
60cm残す

2 3段めと4段めは角はビーズ2個、その他はシリンダー1個ずつ通して編みます。5段めは1角めと3角めに丸大1個、2角めと4角めはシリンダー1個を通して編みます。

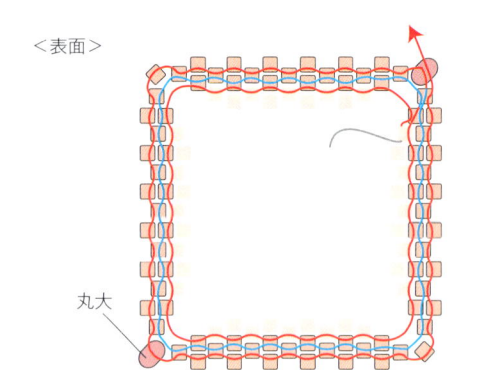

＜表面＞
丸大

3 スカシパーツ2枚を外表に合わせ、編地に重ねます。続けて、6段めはビーズ1個ずつ通して編みます。7段めから9段めは角はビーズ2個拾って編み、辺はビーズ1個ずつ通して編み、糸を始末します。

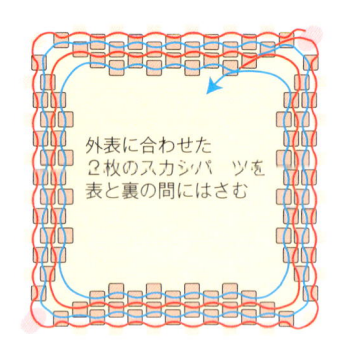

＜裏面＞

外表に合わせた
2枚のスカシパーツを
表と裏の間にはさむ

4 編み始めに残した糸でビーズを通して先端の飾りを編み、補強のため、もう1周して糸を始末します。

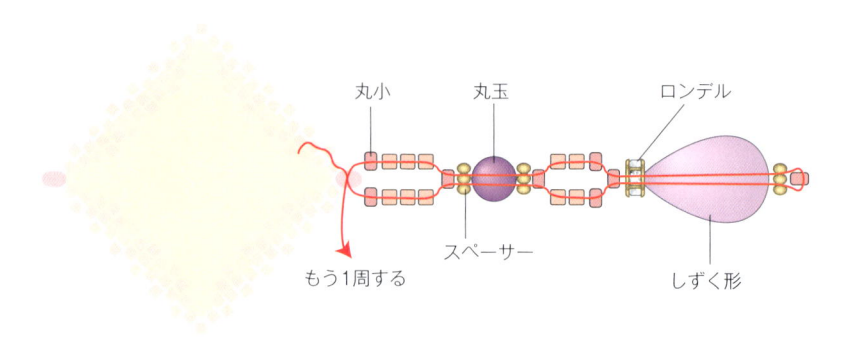

丸小　丸玉　ロンデル
スペーサー
しずく形
もう1周する

5 ネックレス部分をスパイラルロープで編みます。糸を３.２ｍ
に切り、糸端１.６ｍ残してビーズストッパーをつけます。丸
小３個とシリンダー３個を通して、丸小３個を拾い、左に倒します。
１段めが編めました。

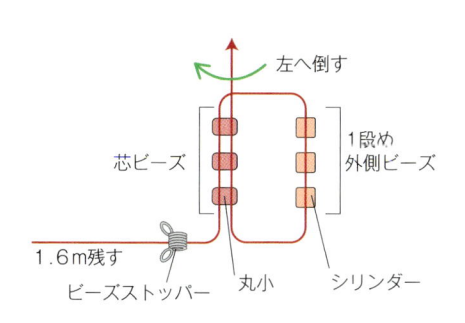

左へ倒す

芯ビーズ

１段め
外側ビーズ

１.６ｍ残す

丸小

シリンダー

ビーズストッパー

6 ２段めは、丸小１個を通し、外側ビーズ（シリンダー３個）
を通して、丸小３個を拾い左へ倒します。これをくり返し、
合計３５段編みます。

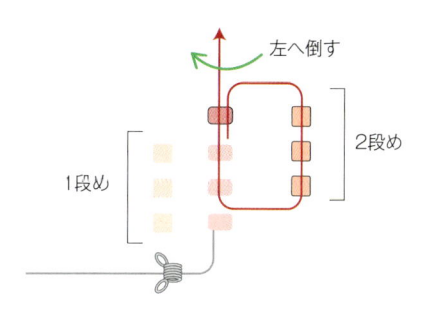

左へ倒す

１段め

２段め

7 図のようにビーズを通して、続けてスパイラルロープを２段
編み、ビーズを通した部分を補強します。

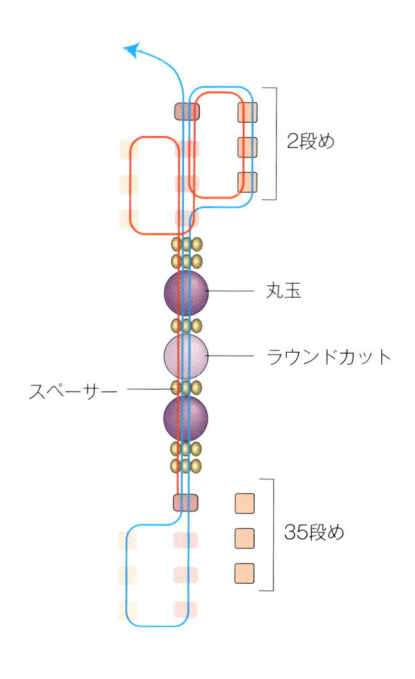

２段め

丸玉

ラウンドカット

スペーサー

３５段め

8 続けてスパイラルロープを１２０段編み、マンテルバーをつ
けます。補強のため２周して、糸を始末します。

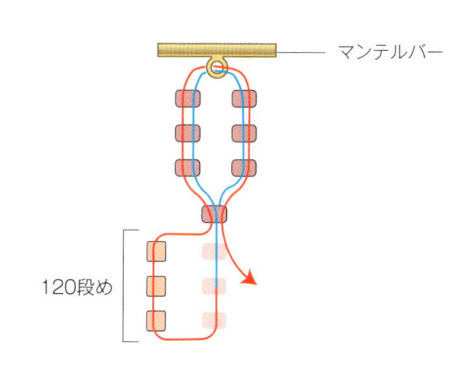

マンテルバー

１２０段め

9 編み始めに残した糸でペンダントトップ部分を拾って同様に
左右対称に作り、マンテルバーの代わりにマンテルリングを
つけ、糸を始末すれば完成です。

マンテルリング

１２０段め

マンテルリングへ

周藤紀美恵
(すとうきみえ)

株式会社キミエール代表、ビーズアクセサリー作家
専業主婦からビーズアクセサリー講師へと転身し、その
キャリアをスタートさせる。東京と千葉でビーズ教室を主
宰し、オンラインショップ「Felice 〜フェリーチェ〜」を運
営。アメリカや中国でも指導経験を持ち、おしゃれで作
りやすい作品は年齢を問わず多くのビーズファンから人
気を博している。2008年「ビーズアートジャパン大賞」
で「文部科学大臣賞」を受賞。デパートでの催事出店
やテレビ番組の取材出演、ラジオパーソナリティとしても
活躍し、ビーズ業界において多彩な才能を発揮。また、
TOHOシードビーズ協会のビーズステッチ講座カリキュラ
ムを構築するなど、ビーズの普及にも貢献している。近年、
ビーチクリーン活動に積極的に参加し、回収された海洋
ごみやプラスチックを素材に使ったアクセサリーの制作に
も力を入れる。
著書に『1年をめぐるビーズのお花』(トキツカゼ出版)、
『モダンビーズステッチ認定講座教科書』(TOHO 株式
会社)などがある。

オフィシャルサイト
https://kimiyell.com/

ビーズキットのお店「Felice 〜フェリーチェ〜」
https://felice-jewelry.com/

Instagram
https://www.instagram.com/kimiyell/

YouTube「beads work ビーズステッチ すとうきみえ」
https://www.youtube.com/@Kimiyell

ラジオ「ゆめのたね放送局」
オレンジチャンネル 毎週土曜日 8:00-8:30
https://www.yumenotane.jp/kimiyell

ブログ「ビーズ制作と毎日の暮らし」
https://ameblo.jp/felice-kimie/

LINE公式 ビーズアクセサリー教室kimiyell
https://page.line.me/656bvdty?openQrModal=true

staff

写真＊三好宣弘 (RELATION)
写真 (p.51) ＊大野伸彦
スタイリング＊大島有華
デザイン＊釜内由紀江
　　　　　五十嵐奈央子 (GRiD CO.,LTD)
作り方＊株式会社レシピア
イラスト (p.48 〜 50) ＊仲田美香
編集＊村松千絵 (Cre-Sea)

本書の内容に関するお問い合わせは、お手紙かメール
(jitsuyou@kawade.co.jp)にて承ります。恐縮ですが、お電
話でのお問い合わせはご遠慮くださいますようお願いいた
します。

アクセサリーづくりのための
ビーズステッチバイブル

2024年 10月20日　初版印刷
2024年 10月30日　初版発行

著　者　周藤紀美恵
発行者　小野寺優
発行所　株式会社河出書房新社
　　　　〒162-8544 東京都新宿区東五軒町2-13
　　　　電話 03-3404-1201 (営業)
　　　　　　　03-3404-8611 (編集)
　　　　https://www.kawade.co.jp/

印刷・製本 TOPPAN クロレ株式会社

Printed in Japan
ISBN978-4-309-25778-5

本書は2016年2月刊『ビーズステッチデザイン
BOOK』、2011年10月刊『ビーズステッチで作る憧れ
の大人アクセサリー』(ともに小社刊)を再編集したも
のです。